KÖRNERKÜCHE

Innovative Rezepte mit alten Getreidesorten

Laura Agar Wilson

DK

Penguin Random House

Cheflektorat Dawn Henderson
Lektorat Vanessa Daubney
Redaktionsleitung Peggy Vance
Art Director Peter Luff
Bildredaktion Sara Robin, Christine Keilty
Herstellung Jen Scothern, Rebecca Fallowfield

DK India
Cheflektorat Alicia Ingty
Redaktion Neha Ruth Samuel
Bildredaktion Ira Sharma, Neha Wahi, Pallavi Kapur, Navidita Thapa
DTP-Design Rajdeep Singh, Manish Upreti, Satish Chandra Gaur
Herstellung Sunil Sharma

Für die deutsche Ausgabe:
Programmleitung Monika Schlitzer
Redaktionsleitung Caren Hummel
Projektbetreuung Sarah Fischer
Herstellungsleitung Dorothee Whittaker
Herstellungskoordination Ksenia Lebedeva
Herstellung Claudia Bürgers
Covergestaltung Claudia Bürgers

Titel der englischen Originalausgabe:
Grains as Mains

Übersetzung Brigitte Rüßmann, Wolfgang Beuchelt (Scriptorium Köln)
Lektorat Elke Sagenschneider

ISBN 978-3-8310-3122-1

Repro Altaimage LTD
Printed and bound in China

Besuchen Sie uns im Internet
www.dorlingkindersley.de

Hinweis
Die Informationen und Ratschläge in diesem Buch sind von den Autoren und vom Verlag sorgfältig erwogen und geprüft, dennoch kann eine Garantie nicht übernommen werden. Eine Haftung der Autoren bzw. des Verlags und seiner Beauftragten für Personen-, Sach- und Vermögensschäden ist ausgeschlossen.

INHALT

VORWORT

Immer mehr Menschen legen Wert auf eine gesunde Ernährung. Alte Getreidesorten feiern daher ein Comeback. Wie beliebt sie sind, zeigt ein kurzer Rundgang durch einen Bioladen oder die Naturkostabteilung eines Supermarkts.

Die Körner und Samen in diesem Buch werden auch »Urgetreide« genannt, da sie bis heute praktisch unverändert so erhalten sind, wie sie schon von den ältesten Zivilisationen der Erde angebaut und gegessen wurden. Sie sind mittlerweile fast überall erhältlich, und sie schmecken nicht nur lecker, sie sind auch sehr nährstoffreich: Wie jedes echte Vollkorn enthalten sie Faserstoffe, Proteine, gesunde Fette, Vitamine und Mineralien. Viele dieser Körner, wie etwa Amarant, Quinoa und Teff, sind darüber hinaus glutenfrei. Sie kommen aus aller Welt, und da sie gute Proteinlieferanten sind, sind sie ideal für Vegetarier und Veganer, aber auch eine gesunde Ergänzung für jedes Gericht mit tierischen Eiweißen.

Dank ihrer geschmacklichen Vielfalt und unterschiedlicher Texturen können die Körner auf verschiedenste Weise verwendet werden. Sie sind nicht mehr nur Beilage: In diesem Buch spielen Urgetreide die Hauptrolle. Die Rezepte zeigen, wie vielseitig sie sind und wie klassische Gerichte mit ihnen noch leckerer werden.

Das Einleitungskapitel bietet praktische Tipps und Informationen, dann folgt ein Fülle köstlicher Rezepte, von stärkenden Frühstücken über Suppen, Pfannengerichte und Eintöpfe bis hin zu verführerischen Desserts.

Mit diesen Rezepten möchte ich Sie ermutigen, Körner vielfältiger einzusetzen und eigene Gerichte zu entwickeln. Als begeisterte Esserin, die sich gern auch nach gesunden Alternativen umschaut, hoffe ich, dass Sie mit meinen Rezepten genauso viel Freude haben wie ich bei ihrer Entwicklung!

LAURA AGAR WILSON

WAS IST GETREIDE?

COMEBACK DER ALTEN SORTEN

WAS SIND ALTE GETREIDESORTEN?

Die Bezeichnung »alte Sorten« bezieht sich auf Getreide und Samen, die heute ein Comeback erleben, die aber schon seit Hunderttausenden von Jahren in den verschiedensten Regionen der Erde angebaut werden.

Einige dieser Körner, wie Maisgries (Polenta) und Weizen, werden ständig in der modernen Küche eingesetzt. Andere sind fast unbekannt, werden aber bald in aller Munde sein. Wie die Rezepte in diesem Buch zeigen, sind Körner mehr als eine Beilage. Man kann sie in praktisch jedes Gericht einbauen, vom Frühstück über das Abendessen bis zum Dessert.

ESSEN WIE DIE ALTEN ÄGYPTER

Die Geschichte der alten Getreidearten reicht Tausende von Jahren zurück. Damals waren die Menschen auf Körner als wichtige Protein- und Energielieferanten angewiesen. Einige Getreidesorten, wie Emmer, gab es schon im alten Ägypten, wo er zum Brotbacken verwendet wurde.

Heute werden Getreide weltweit angebaut. Viele Sorten sind immer noch in den Gegenden zu finden, aus denen sie ursprünglich stammen: Amarant und Quinoa kommen aus Südamerika und werden auch hauptsächlich dort angebaut. Kamut und Emmer stammen aus Ägypten, Teff und Gerste aus Äthiopien, und Hirse kommt meist aus Afrika und Asien.

Im Gegensatz zu anderen Feldfrüchten sind diese »neueren« alten Getreide fast unverändert und noch nicht genetisch manipuliert – ein wichtiger Aspekt für immer mehr Menschen.

KÖNIGE DER KOHLENHYDRATE

Vollkorngetreide sind die besten Energielieferanten unter den Kohlenhydraten. Viele enthalten zudem reichlich Faserstoffe und Proteine. Quinoa und Amarant sind vollwertige Proteinlieferanten, also eine gute Alternative zu Fleisch. Diese Getreide liefern uns die nötige Energie, versorgen uns aber auch mit anderen Nährstoffen. Sie sind fettarme, komplexe Kohlenhydrate, die lang sättigen und so Attacken von Heißhunger verhindern helfen.

Jedes Korn enthält lebenswichtige Vitamine und Nährstoffe, aber auch Antioxidantien (mehr Informationen dazu auf S. 18–19). Vollkorngetreide enthalten zudem sekundäre Pflanzenstoffe (pflanzliche Stoffe, die uns mit Antioxidantien versorgen), die für die gesunde Ernährung wichtig sind.

Untersuchungen zeigen, dass ein regelmäßiger Verzehr solcher Getreidesorten helfen kann, Blutzucker- und Cholesterinspiegel zu regulieren. Die Wahrscheinlichkeit, an Krankheiten wie Bluthochdruck, Schlaganfall, Herzerkrankungen, Diabetes und Krebs zu erkranken, kann durch den Verzehr von Getreide sinken.

QUALITÄT UND QUANTITÄT

Achten Sie beim Kauf von Getreide darauf, dass es sich immer um biologisch angebautes und genetisch unverändertes Getreide handelt. Verwenden Sie am besten Vollkorngetreide, das nicht vorbehandelt oder geschält ist, da es sonst einen Teil seiner wertvollen Inhalts- und Nährstoffe einbüßt.

GESUNDHEITSBEWUSSTE ERNÄHRUNG

Viele der alten Getreidesorten sind glutenfrei und daher auch für Menschen mit Zöliakie oder Glutensensibilität verträglich. Bei einer leichten Glutenintoleranz können eventuell auch Getreide wie Dinkel vertragen werden. Wer aber an einer stärkeren Sensibilität oder an Zöliakie leidet, sollte nur ausdrücklich glutenfreie Getreidesorten verwenden.

KINDER UND GETREIDE

Kinder können ab einem Alter von zwölf Monaten Getreide essen. Es wird empfohlen, Kindern unter fünf Jahren nicht ausschließlich Vollkornprodukte zu geben, da sie Nährstoffe aus einer großen Vielfalt an Nahrungsmitteln brauchen. Es empfiehlt es sich, Getreide über Nacht vorzuquellen, wenn man für Kinder kocht. Das erleichtert ihnen die Verdauung, und ihr Körper kann die Nährstoffe besser aufnehmen.

KORN FÜR KORN

GLUTENFREIE GETREIDE

Vollkorn enthält alle essbaren Bestandteile des Korns und steckt voller Nährstoffe, wie Proteine, Faserstoffe, B-Vitamine, Antioxidantien und Mineralien. Die folgenden Getreide empfehlen sich für alle mit einer Glutenunverträglichkeit als Teil einer gesunden, ausgewogenen Ernährung.

QUINOA

Quinoa ist ein kleines, rundes Korn mit einem leicht bitteren Geschmack und einer bissfesten Konsistenz. Das von den Inkas entdeckte Getreide wurde schon vor Tausenden von Jahren in Südamerika angebaut und ist heute meist in weißen, roten und schwarzen Sorten erhältlich. Wegen ihres hohen Ölgehalts lagert man Quinoa am besten luftdicht verpackt im Kühlschrank.

BUCHWEIZEN

Der aus Asien stammende Buchweizen ist botanisch mit Rhabarber und Sauerampfer verwandt und hat eine unverkennbar dreieckige Form. Er schmeckt nussig und ist sehr vielseitig. Buchweizen wird geröstet und ungeröstet verkauft. Er hält sich luftdicht verpackt an einem kühlen, trockenen Ort bis zu zwölf Monate.

TEFF

Der winzige Teff erinnert in der Größe an Mohnsamen und ist in verschiedenen Farben wie Weiß, Rot und Dunkelbraun erhältlich. Die vor allem in Äthiopien und Eritrea angebaute Zwerghirse gedeiht auch unter schwierigen Bedingungen, wie dauerfeuchten Böden und Dürren. Teff hält sich luftdicht in einem Plastik- oder Glasbehälter verpackt bis zu zwölf Monate.

HIRSE

Hirse bezeichnet eine Gruppe kleiner, rundkörniger Getreide. Sie ist am häufigsten in einer geschälten Variante erhältlich. In Asien war sie vor dem Reis das Grundnahrungsmittel. Hirse wird schnell ranzig, hält sich aber luftdicht verpackt im Schrank problemlos bis zu zwei Monate und im Kühlschrank bis zu vier Monate.

POLENTA/MAISMEHL

Das häufig auch als Polenta bezeichnete Maismehl wurde angeblich schon rund 5000 v. Chr. von den amerikanischen Ureinwohnern entdeckt. Es besteht aus getrocknetem Mais und ist fein, mittelfein und grob gemahlen erhältlich. Polenta hält sich luftdicht verpackt an einem kühlen, trockenen Ort bis zu zwölf Monate.

SORGHUM

Das aus Afrika stammende Sorghum hat kleine, runde Körner, die in der Farbe von weiß und braun bis zu rot und schwarz variieren. Weißes Sorghum wird meist gemahlen als Ersatz für Weizen genutzt. Die ganzen Körner ergeben ein tolles Popcorn. Sorghum hält sich luftdicht verpackt an einem kühlen, trockenen Ort bis zu zwölf Monate.

AMARANT

Amarant hat winzige Körner mit nussigem Geschmack und wurde vor mehr als 8000 Jahren von den Azteken entdeckt, für die er ein Grundnahrungsmittel war. Er verliert bei zu warmer Lagerung seinen Geschmack und wird bitter, hält sich aber in einem kühlen, trockenen Schrank bis zu zwölf Monate.

GLUTENHALTIGE GETREIDE

Grundsätzlich sollten Sie beim Kauf von Getreide immer darauf achten, dass die Packung noch dicht verschlossen ist. Wenn das Getreide muffig oder ölig riecht, ist es nicht mehr in Ordnung. Wer allergisch auf das Protein Gluten reagiert, das unter anderem in Weizen und Gerste vorkommt, sollte die folgenden Getreide besser ganz meiden.

BULGUR

Bulgur ist vorgekochter, getrockneter und geschroteter Weizen. Der Schrot ist blassbraun und unregelmäßig geformt. Gekocht schmeckt er lecker nussig und ist bissfest. Bulgur ist vor allem in der Küche des Nahen Osten beliebt. Er hält sich luftdicht verpackt an einem kühlen, trockenen Ort bis zu zwölf Monate.

GERSTE

Die unglaublich vielseitige Gerste entstand vor mehr als 10 000 Jahren in Äthiopien und Südostasien und hat eine lange und interessante Geschichte. Sehr beliebt sind Perlgraupen, geschälte und polierte Gerstenkörner. Sie halten sich luftdicht verpackt an einem kühlen Ort bis zu zwölf Monate.

KAMUT

Kamut ist die Handelsbezeichnung für Khorasan-Weizen, der vermutlich aus dem Nordiran stammt. Er hat braune, längliche Körner, die an Basmatireis erinnern. Sie haben einen nussigen Geschmack und nach dem Kochen eine bissfeste Konsistenz. Kamut hält sich luftdicht verpackt an einem kühlen, trockenen Ort bis zu zwölf Monate.

GRÜNKERN/FREEKEH

Grünkern ist ein alter Dinkel, der früh geerntet wird, wenn die Körner noch grün sind. Die Körner werden dann geröstet, getrocknet und poliert und haben dadurch einen leicht rauchigen, nussigen Geschmack. Freekeh ist ein alter Weizen aus dem Mittleren Osten, der ähnlich aufbereitet wird. Beide Sorten sollten luftdicht verpackt aufbewahrt werden und bleiben so bis zu zwölf Monate frisch und lecker.

EMMER

Emmer ist ein Hartweizen aus Westasien. Er erinnert in der Textur an Perlgraupen und ist unter dem Namen Farro vor allem in Italien für sein unverkennbares, nussiges Röstaroma und seine Bissfestigkeit beliebt. Er ist vielseitig in Suppen, Risottos und Salaten verwendbar. Emmer hält sich luftdicht verpackt an einem kühlen, trockenen Ort bis zu zwölf Monate.

WEIZEN

Geschälte Weizenkörner sind im Handel als Hart- oder Weichweizen erhältlich. Sie haben einen zarten, cremigen und nussigen Geschmack und eine helle, rötlich-braune Farbe. Man kann sie zu Mehl vermahlen oder ganz verwenden. Weizen sollte kühl und trocken aufbewahrt werden.

DINKEL

Der aus Iran und Teilen Südeuropas stammende Dinkel ist ein Verwandter des Weizens und eines der ältesten Getreide. Er hat ovale Körner und einen charakteristischen nussigen Geschmack. Man kann ihn ganz oder gemahlen verwenden. Dinkel hält sich luftdicht verpackt an einem kühlen, trockenen Ort mindestens zwölf Monate.

PERFEKT GEKOCHT

Jede Getreidesorte verhält sich beim Kochen ein wenig anders, und man braucht etwas Fingerspitzengefühl für Wassermenge und Garzeit. Hier einige Tipps, damit ihr Getreide perfekt gelingt.

◀ GEKOCHTER AMARANT
Man gibt einen Teil Getreide auf drei Teile kochendes Wasser und lässt es dann 25 Minuten sanft köcheln. Gekochter Amarant ist recht klebrig, bleibt aber dennoch außen knackig und innen weich.

GEKOCHTER GRÜNKERN ▲
Grünkern ist kinderleicht zu kochen. Kochzeit und Wassermenge hängen davon ab, ob man ganze Körner oder Schrot verwendet, und sind auf der Verpackung angegeben.

GEKOCHTER BUCHWEIZEN ▶
Buchweizen muss vor dem Kochen gründlich gewaschen werden. Einen Teil Buchweizen in zwei Teile kochendes Wasser oder Brühe geben und 12–15 Minuten kochen. Man kann ihn auch quellen lassen oder dämpfen.

◀ GEKOCHTER EMMER
Emmer ist in verschiedenen Sorten erhältlich, wobei das ganze Korn länger kochen muss als die Grießsorten. Am einfachsten ist es, ihn 15–20 Minuten in kochendem Wasser (ein Teil Emmer auf zwei Teile Wasser) zu garen. Seine bissfeste Konsistenz macht ihn zu einem tollen Ersatz für Reis oder Pasta.

GEKOCHTER KAMUT ▲
Man muss Kamut vor dem Kochen nicht quellen lassen, aber es verkürzt die Kochzeit erheblich. Wasser aufkochen (zwei Teile Wasser auf ein Teil Kamut) und abgetropften Kamut hineingeben, abdecken und 30–40 Minuten köcheln. **Dinkel** kann auf die gleiche Weise zubereitet werden.

GEKOCHTE QUINOA ►

Quinoa vor dem Kochen waschen, um Bitterstoffe zu entfernen, dann 10–15 Minuten kochen. Die gekochten Körner vervierfachen ihr Volumen und werden glasig. Genauso kocht man auch **Hirse,** die aber nicht gewaschen werden muss.

◄ GEKOCHTES SORGHUM

Das Sorghum vor dem Kochen waschen, dann in drei Teilen Wasser oder Brühe auf ein Teil Getreide kochen: In einem Topf mit dicht schließendem Deckel aufkochen und bis zu 1 Stunde köcheln lassen.

GEKOCHTER TEFF ►

Die Kochzeit von Teff hängt davon ab, wie er serviert wird. Man kann ihn in Wasser kochen oder über Suppen, Salate oder Backwaren streuen, um diesen Geschmack und Textur zu verleihen.

◄ GEKOCHTER WEIZEN

Man gibt einen Teil Weizen auf zwei Teile kochendes Wasser. Dann abdecken und 60 Minuten köcheln lassen, bis die Körner weich sind. Die Kochzeit verkürzt sich, wenn man den Weizen vorher über Nacht einweicht.

MEHLE & FLOCKEN

Diese Mehle und Flocken enthalten das volle Korn. Umsichtig verpackt und gelagert halten sie sich an einem kühlen, trockenen und dunklen Ort bis zu drei Monate. Glutenfreie Mehle geben einen krümeligeren Teig und brauchen mehr Flüssigkeit.

AMARANTMEHL Amarantmehl eignet sich perfekt für glutenfreies Kochen und Backen und kann für Kuchen, Plätzchen und Brote verwendet werden.

BUCHWEIZENMEHL Das glutenfreie Mehl eignet sich perfekt für Pfannkuchen, Scones und Plätzchen und kann auch Brotmehlen beigemischt werden.

KAMUTMEHL Dieses Weizenmehl hat einen buttrig-nussigen Geschmack. Es kann in jedem Rezept als Ersatz für Weizenmehl verwendet werden.

HIRSEFLOCKEN Die glutenfreien Flocken werden gern in Müslis und Brei verwendet und geben Crumbles und Plätzchen eine schöne Konsistenz.

QUINOAFLOCKEN Die Flocken bestehen aus unbearbeiteter, roh gewalzter Quinoa, sind reich an Protein, glutenfrei und gut für Müslis und Brei geeignet.

TEFFMEHL Das Vollkornmehl ist cremig braun, hat einen einzigartig, süßen und malzigen Geschmack und eignet sich perfekt zum Backen.

KÖRNER-POWER

Getreide sind hervorragende Lieferanten von Protein, Kohlenhydraten, Faserstoffen, Mineralien und Vitaminen, die wir für eine gesunde Ernährung brauchen. Die Tabelle unten erläutert, welche Funktionen die einzelnen Nährstoffe und Vitamine für unsere Gesundheit und unser Wohlbefinden haben.

NÄHRSTOFFE UND IHRE FUNKTION

NÄHRSTOFF	GUT FÜR
Protein	allgemeine Gesundheit und Wachstum
Kohlenhydrate	Energiehaushalt
Kalzium	Knochen & Zähne; Regulierung der Muskeltätigkeit
Faserstoffe	Verdauung; beugt Herzerkrankungen & Diabetes vor
Eisen	Produktion roter Blutkörperchen
Magnesium	Muskel- & Nervenfunktion; Steuerung des Glukosespiegels; Regulierung des Blutdrucks
Phosphor	Knochen & Zähne; Erhalt lebenswichtiger Organe
Kalium	Regulierung des Blutdrucks; gesunde Nieren
Natrium	Muskeln & Nerven
Zink	Wachstum & Entwicklung; Geschmacks- & Geruchssinn
Kupfer	Erhalt lebenswichtiger Organe; Stoffwechsel
Mangan	Knochen; Kollagenproduktion
Selen	Fortpflanzung; Stoffwechsel; Infektionsabwehr
VITAMINE	**GUT FÜR**
Thiamin (B1)	Stoffwechsel; Energiehaushalt
Riboflavin (B2)	Bildung von Blutzellen; Stoffwechsel
Niacin (B3)	Energiehaushalt; Schutz gegen freie Radikale; Stoffwechsel
Pantothensäure (B5)	Energiehaushalt; Hormonproduktion; Immunabwehr
Pyridoxin (B6)	Wachstum; Organgesundheit; gesundes Blut; Cholesterinspiegel
Folsäure (B9)	Blutzellen; Regulierung des Nervensystems (unverzichtbar in der Schwangerschaft)
Vitamin C	Blutzellen; Wundheilung

GETREIDE IN ZAHLEN

Wie viele Nährstoffe und wie viele Kalorien stecken in einer Portion (45 g Trockengewicht) Getreide? Und wie trägt das Getreide zum empfohlenen Tagesbedarf (RDA=Recommended Daily Allowance) bei? Das zeigt ihnen diese Tabelle.

MAISMEHL/POLENTA
kcal 163 **Kohlenhydrate** 34,6 g
Protein 3,65 g **Faserstoffe** 3,3 g

Gute Quelle für Magnesium; Phosphor; Mangan; Selen; Vitamin B2 und B3

QUINOA
kcal 166 **Kohlenhydrate** 28,87 g
Protein 6,35 g **Faserstoffe** 3,2 g

Gute Quelle für Eisen; Kupfer; Vitamin B1 und B6

Sehr gute Quelle für Magnesium; Phosphor; Mangan; Folsäure

AMARANT
kcal 167 **Kohlenhydrate** 29,36 g
Protein 6,1 g **Faserstoffe** 3,0 g

Gute Quelle für Eisen; Kupfer; Selen; Vitamin B6

Sehr gute Quelle für Magnesium; Phosphor

Liefert 50 % des RDA an Mangan

EMMER
kcal 162 **Kohlenhydrate** 32,55 g
Protein 5,74 g **Faserstoffe** 4,4 g

Gute Quelle für Magnesium; Zink

Sehr gute Quelle für Vitamin B3

SORGHUM
kcal 166 **Kohlenhydrate** 28,87 g
Protein 6,35 g **Faserstoffe** 3,2 g

Gute Quelle für Phosphor; Vitamin B6

Sehr gute Quelle für Magnesium

GERSTE
kcal 159 **Kohlenhydrate** 33,7 g
Protein 5,62 g **Faserstoffe** 7,8 g

Gute Quelle für Magnesium; Phosphor; Kupfer; Vitamin B3

Sehr gute Quelle für Mangan; Selen; Vitamin B1

GRÜNKERN
kcal 160 **Kohlenhydrate** 32,14 g
Protein 6,42 g **Faserstoffe** 6,4 g

Gute Quelle für Kalzium; Magnesium; Kalium; Zink; Vitamin B1 und B2

Sehr gute Quelle für Eisen; Kupfer

DINKEL
kcal 166 **Kohlenhydrate** 28,87 g
Protein 6,35 g **Faserstoffe** 3,2 g

Gute Quelle für Eisen; Magnesium; Phosphor; Kupfer; Mangan; Vitamin B1 und B3

Liefert 50 % des RDA an Mangan

BUCHWEIZEN
kcal 154 **Kohlenhydrate** 32,18 g
Protein 5,96 g **Faserstoffe** 4,5 g

Gute Quelle für Phosphor; Vitamin B2 und B3

Sehr gute Quelle für Magnesium; Kupfer; Mangan

KAMUT
kcal 152 **Kohlenhydrate** 31,76 g
Protein 6,54 g **Faserstoffe** 5 g

Gute Quelle für Phosphor; Kalium; Zink; Vitamin B3

Sehr gute Quelle für Vitamin B1

Liefert 50 % des RDA an Mangan; Selen

TEFF
kcal 165 **Kohlenhydrate** 31,59 g
Protein 5,98 g **Faserstoffe** 3,6 g

Gute Quelle für Eisen; Phosphor; Zink; Vitamin B1 und B6

Sehr gute Quelle für Magnesium; Kupfer

Liefert 50 % des RDA an Vitamin C und 100% des RDA an Mangan

BULGUR
kcal 154 **Kohlenhydrate** 34,14 g
Protein 5,53 g **Faserstoffe** 8,2 g

Gute Quelle für Magnesium; Phosphor; Vitamin B3

Liefert 50 % des RDA an Mangan

HIRSE
kcal 170 **Kohlenhydrate** 32,78 g
Protein 4,96 g **Faserstoffe** 3,8 g

Gute Quelle für Magnesium; Phosphor; Kupfer; Vitamin B1 und B3

Sehr gute Quelle für Mangan

WEIZEN
kcal 163 **Kohlenhydrate** 32,55 g
Protein 6,7 g **Faserstoffe** 5,74 g

Gute Quelle für Eisen; Magnesium; Phosphor; Vitamin B1 und B3

Sehr gute Quelle für Selen

Liefert 50 % des RDA an Mangan

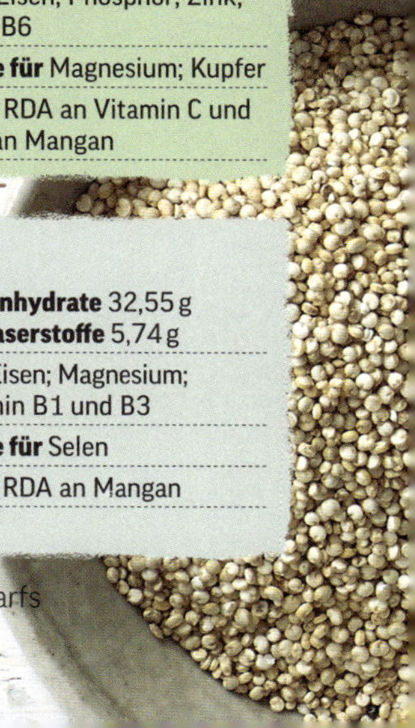

Guter Lieferant = ca. 10 % des empfohlenen Tagesbedarfs **Sehr gut** = ca. 20 % des empfohlenen Tagesbedarfs

GUT VORBEREITET

Getreide sind einfach zuzubereiten, doch es gibt unterschiedliche Methoden für jede Sorte. Die Rezepte listen alle nötigen Einzelschritte auf – einige Getreide brauchen mehr Schritte als andere. Achten Sie beim Lesen der Rezepte auf zusätzliche Zeit, die etwa zum Waschen, Einweichen, Rösten, Poppen oder Kochen benötigt wird.

WASCHEN

Bis auf Quinoa muss Getreide nicht gewaschen werden, aber es ist empfehlenswert. Waschen Sie es in einem feinen Sieb unter fließendem Wasser.

EINWEICHEN

Weichen Sie Getreide mit langer Kochzeit ein: Bedecken Sie es über Nacht mit kaltem Wasser. Vor dem Kochen abtropfen lassen und waschen.

POPPEN

Geben Sie eine kleine Menge Getreide bei mittlerer bis starker Hitze in eine Pfanne, bis die Körner poppen. Darauf achten, dass sie nicht anbrennen.

OFENRÖSTEN

Durch Rösten erhält Getreide ein nussiges Aroma. Das Getreide auf einem Backblech verteilen und 5 Minuten oder nach Rezept im Backofen rösten.

PFANNENRÖSTEN

Rösten verstärkt das Getreidearoma. Die Körner in eine Pfanne geben und bei mittlerer bis starker Hitze leicht bräunen. Die Pfanne dabei sanft schwenken.

GETREIDE PERFEKT KOCHEN

Getreide kann man auf verschiedene Arten garen. Je nachdem, welche Küchengeräte Sie besitzen und wie Sie am liebsten kochen, haben Sie die Wahl zwischen Reiskocher, Schnellkochtopf oder der klassischen Methode im Topf.

IM TOPF

1 Informationen zu Garzeiten und Mengenverhältnissen finden Sie auf Seite 16–17. Sie können das Getreide entweder ins kochende Wasser geben oder Wasser und Getreide zusammen aufkochen.

2 Die Temperatur dann reduzieren und das Getreide köcheln lassen, bis es gar ist. Manche Getreide nehmen das Wasser vollständig auf, andere werden abgeseiht.

IM REISKOCHER

Der Vorteil eines Reiskochers ist, dass man Getreide und Flüssigkeit nur hineingeben muss, den Rest macht der Kocher alleine. Kochzeiten und Handhabung variieren je nach Gerät, aber die meisten liefern gute Ergebnisse.

IM SCHNELLKOCHTOPF

Der Schnellkochtopf ist ideal für Weizen, Gerste, Dinkel und Kamut, die länger garen müssen. Kochen Sie daher das Getreide wie Reis, aber passen Sie die Garzeit an. Sie halbiert sich ungefähr gegenüber dem Rezept.

SO GELINGT ES IMMER – ZWEI PRAKTISCHE TIPPS

Das Kochen von Getreide ist einfach, doch für das richtige Verhältnis zwischen Wasser- und Getreidemenge muss man erst ein Gespür entwickeln. So klappt es:

Wenn das Getreide am Topfboden ansetzt, einfach bei schwacher Hitze ein wenig Wasser zugießen und das angesetzte Getreide mit dem Holzlöffel lösen. So lange weiterrühren, bis die Flüssigkeit aufgenommen ist.

Gegen überschüssige Feuchtigkeit hilft es, die Herdplatte auszuschalten, ein sauberes Küchentuch über den Topf zu legen und den Topf abgedeckt 5–10 Minuten stehen zu lassen.

GETREIDE-LECKEREIEN

Kochen mit Getreide ist einfach: Meist gart man es in Wasser. Doch für manche Rezepte wird das Getreide anders zubereitet. Hier stellen wir Ihnen einige Zubereitungsarten vor, die Sie vielleicht auch zu eigenen Gerichten inspirieren.

KNUSPERMÜSLI

1 Den Backofen auf 150 °C vorheizen. Die trockenen Zutaten in einer großen Schüssel mischen. Die feuchten Zutaten wie Honig (oder Ahornsirup), Öl und weitere Zutaten vermengen, über die trockenen Zutaten gießen und mit einem Holzlöffel gut durchrühren.

2 Die Müslimischung auf ein Backblech geben und gleichmäßig verteilen. 30 Minuten rösten, dann auf eine Platte geben und auskühlen lassen.

POLENTA

1 Die benötigte Wassermenge zum Kochen bringen, die Temperatur reduzieren und die abgewogene Polenta unter ständigem Rühren hineingeben. Noch 1–2 Minuten weiterrühren, bis die Polenta andickt.

2 Die Temperatur reduzieren und weiterrühren, bis die Polenta sich vom Topfrand löst. Das kann bis zu 45 Minuten dauern. Instant-Polenta ist innerhalb von 5 Minuten fertig.

3 Die Polenta auf ein gefettetes Backblech geben und gleichmäßig verstreichen. 30 Minuten ruhen lassen, bis die Masse kühl und fest ist, dann in Streifen schneiden.

4 Etwas Öl oder Butter in einer Grillpfanne erhitzen und die Polentastreifen darin bei mittlerer Hitze 2–3 Minuten von jeder Seite goldbraun braten.

GETREIDE-RISOTTO

1 Zunächst Butter oder Öl in einem großen Topf erhitzen. Zwiebeln und Gemüse darin sanft anschwitzen. Das Getreide hinzufügen und rühren, bis es glasig ist und glänzt.

2 Weißwein, falls verwendet, zugießen und bei schwacher Hitze verdampfen lassen. Dann kellenweise Brühe hinzugeben und jeweils rühren, bis die Flüssigkeit ganz aufgenommen ist.

3 Unter gelegentlichem Rühren 30 Minuten köcheln lassen. Hin und wieder Brühe hinzugeben, bis das Getreide gar, aber noch bissfest ist. Der Risotto sollte cremig und leicht feucht sein.

4 Zum Schluss die restlichen Zutaten, wie geriebenen Parmesan, Butter oder frische Kräuter, unterrühren. 3–4 Minuten ruhen lassen, damit die Aromen sich entfalten und alle Flüssigkeit absorbiert wird.

BRATLINGE

1 Alle Zutaten in eine Rührschüssel geben und mit einer Gabel gründlich vermengen. Die Masse in gleich große Portionen teilen und mit feuchten Händen zu Kugeln formen.

2 Die Kugeln zu 1,5–2 cm dicken Bratlingen flach drücken. Auf einen Teller legen, mit Frischhaltefolie abdecken und im Kühlschrank fest werden lassen.

DRINKS & SMOOTHIES

Flüssigkeiten wie Kuh-, Soja- oder Mandelmilch, Joghurt oder Fruchtsaft, in den Mixer geben. Obst, Gemüse und gekochtes Getreide nach Belieben hineingeben und 1 Minute glatt pürieren.

VORKOCHEN & EINFRIEREN

Vorkochen und portionsweises Einfrieren spart Zeit und Geld. Die meisten Gerichte lassen sich gut einfrieren, sobald sie völlig ausgekühlt sind. In einen ausreichend großen Tiefkühlbehälter geben, gründlich verschließen, um Gefrierbrand zu verhindern, und mit Datum und Inhaltsangabe beschriften.

FRÜHSTÜCK & BRUNCH

WEIZEN-BIRCHERMÜSLI IM GLAS

Dieses leckere Frühlings- und Sommerfrühstück ersetzt die üblichen Haferflocken durch Weizenkörner, die dem Gericht einen wunderbar nussigen Geschmack und eine besondere Textur verleihen.

4 PERSONEN · 25 MIN. + ÜBER NACHT EINWEICHEN + ABKÜHLEN + 30 MIN. GAREN

- 120 g ungekochte Weizenkörner
- 250 g Heidelbeeren
- 250 g Erdbeeren, geputzt
- 400 g Joghurt
- 4 EL Sonnenblumenkerne, plus Kerne zum Servieren
- 4 EL Honig, plus Honig zum Servieren

1 Den Weizen in einer großen Schüssel mit Wasser bedecken und über Nacht oder bis zu 8 Stunden quellen lassen. Dann abgießen, unter kaltem Wasser waschen und erneut abtropfen lassen.

2 Den Weizen in einem großen Topf mit reichlich Wasser bedecken und zum Kochen bringen. Die Temperatur reduzieren, abdecken und 30 Minuten köcheln lassen, bis der Weizen weich ist. Vom Herd nehmen, abgießen und völlig auskühlen lassen.

3 In der Zwischenzeit die Heidelbeeren waschen und in eine Schüssel geben. Die Erdbeeren in dünne Scheiben schneiden und mit den Heidelbeeren mischen. Den abgekühlten Weizen mit Joghurt, Sonnenblumenkernen und Honig in eine zweite Schüssel geben und gründlich vermengen.

4 Die Hälfte der Joghurt-Weizenmischung gleichmäßig auf vier Dessertschalen, Einmach- oder Schraubgläser verteilen. Die Hälfte der Früchte daraufgeben. Die Schichtung mit der zweiten Hälfte der Mischungen wiederholen. Vor dem Servieren mit Sonnenblumenkernen bestreuen und mit Honig beträufeln.

ALTERNATiVEN

Anstelle des Weizens können Sie auch die folgenden Getreidesorten in derselben Menge verwenden. Informationen zu den Kochzeiten finden Sie auf Seite 16–17.

Buchweizen

Kamut

Emmer

Auch lecker ...

Statt Heidelbeeren und Erdbeeren können Sie auch **Himbeeren** und **Brombeeren** verwenden.

DINKEL-HAFER-AUFLAUF MIT HEIDELBEEREN

Dies ist ein gesundes Wohlfühlfrühstück. Der Dinkel gibt ihm einen nussigen Geschmack und sorgt zusammen mit den Haferflocken für Biss – eine wunderbare Ergänzung zur knackig-süßen Mischung aus Obst und Kernen.

6 PERSONEN · 15 MIN. + ABKÜHLEN + 1 STD. 20 MIN. GAREN

- 75 g ungekochte Dinkelkörner
- 4 TL natives Olivenöl extra, plus Öl zum Einfetten
- 300 g Heidelbeeren
- 225 g Haferflocken
- 1 TL Backpulver
- ¼ TL gemahlener Zimt
- 1 Msp. gemahlene Muskatnuss
- 1 Prise Salz
- 2 Eier (Größe L)
- 500 ml Milch oder Mandelmilch
- Mark von ½ Vanilleschote
- 3 EL Ahornsirup
- 2 EL Körner- und Samenmix, wie Kürbiskerne, Chiasamen und Sonnenblumenkerne

1 Den Dinkel mit 500 ml Wasser in einen Topf geben und zum Kochen bringen. Die Temperatur reduzieren, abdecken und 45 Minuten köcheln lassen, bis der Dinkel das Wasser fast vollständig aufgenommen hat. Vom Herd nehmen, restliches Wasser abgießen und den Dinkel unter fließendem Wasser waschen und erneut abtropfen lassen.

2 Den Backofen auf 180 °C vorheizen. Eine 20 × 25 cm große Backform mit etwas Öl einfetten und die Heidelbeeren gleichmäßig auf dem Boden der Form verteilen. Haferflocken, Backpulver, Zimt, Muskat und Salz in eine Schüssel geben. Den Dinkel hinzufügen und gründlich vermengen. Eier, Milch, Vanillemark, Ahornsirup und Öl in einer zweiten Schüssel gut miteinander verquirlen.

3 Die Eier-Milch-Mischung zu den trockenen Zutaten gießen und alles gründlich vermengen. Die Masse über die Heidelbeeren geben und gleichmäßig verteilen. Mit dem Körner- und Samenmix bestreuen und 30–35 Minuten backen, bis der Auflauf goldbraun ist. Aus dem Ofen nehmen und etwas abkühlen lassen. Warm servieren.

FRÜHSTÜCKSMUFFINS AUS QUINOA & POLENTA
MIT SPIEGELEI, BACON & AVOCADO

Diese ballaststoffreichen, herzhaften Muffins sind ein toller Start in den Tag. Mit Spiegelei, Bacon und Avocado wird daraus ein gehaltvolles, herzhaftes Frühstück.

8 MUFFINS · 10 MIN. + 20 MIN. GAREN

- 1 EL Olivenöl
- 4 Eier (Größe L)
- 8 Scheiben Bacon
- 1 großes Stück Butter zum Servieren
- 2 Avocados, entsteint und in dünne Streifen geschnitten, zum Servieren

FÜR DEN TEIG

- 130 g Polenta
- 60 g Vollkornmehl
- 150 g gekochte Quinoa (s. S. 22)
- 1 EL Backpulver
- ½ TL Speisenatron
- ¾ TL Meersalz
- 250 ml Milch
- 3½ EL Olivenöl
- 1 EL Honig
- 3 Eier (Größe L)

1 Den Backofen auf 200 °C vorheizen. Eine Muffinform mit acht Mulden mit Papierförmchen bestücken. Für den Teig Polenta, Mehl, Quinoa, Backpulver, Natron und Salz in eine große Schüssel geben und vermengen.

2 In einer zweiten Schüssel Milch, Öl, Honig und Eier gründlich miteinander verquirlen. Die Eier-Milch-Mischung vorsichtig unter die trockenen Zutaten heben, bis sie gerade eben vermengt sind.

3 Den Teig gleichmäßig auf die acht Muffinförmchen verteilen und im Ofen etwa 20 Minuten backen. Bleibt an einem hineingesteckten Zahnstocher kein Teig mehr haften, sind die Muffins fertig.

4 In der Zwischenzeit das Öl in einer Pfanne erhitzen und die Eier darin bei mittlerer Hitze braten. Den Bacon mit in die Pfanne geben und knusprig braten. Die Muffins aufbrechen und buttern. Mit Spiegelei, Bacon und Avocadoscheiben servieren.

HIRSE-TEFF-WAFFELN MIT SÜSSKARTOFFEL & KOKOSJOGHURT

Aus Hirse und Teff sind diese lockeren, nussigen Waffeln, die zudem glutenfrei sind. Mit Joghurt aus Kokosmilch, der den Geschmack der Süßkartoffel gut ergänzt, sind sie ein leckeres und auch laktosefreies Frühstück.

12 STCK. • 15 MIN. + ABKÜHLEN + 50–55 MIN. GAREN

- 1 große Süßkartoffel (ca. 400 g), gewürfelt
- ein paar Tropfen Olivenöl
- 175 g Teffmehl
- 85 g Hirsemehl
- ½ TL Salz
- 2 TL Backpulver
- ¼ TL gemahlener Zimt
- ½ TL gemahlene Muskatnuss
- 60 ml Kokosöl, zimmerwarm, plus Öl zum Einfetten
- 3 Eier, leicht verquirlt
- Mark von ½ Vanilleschote
- 3 EL Ahornsirup, plus Ahornsirup zum Servieren
- 400 ml Kokosmilch
- 1 EL Kokosraspel, plus Raspel zum Servieren
- 240 g Kokosmilchjoghurt

1 Den Backofen auf 200 °C vorheizen. Die Süßkartoffelwürfel auf ein Backblech legen und mit Olivenöl beträufeln. In den Backofen geben und 30 Minuten backen, bis sie gar sind. Aus dem Ofen nehmen und abkühlen lassen. Die kalten Süßkartoffeln mit einer Gabel zerdrücken, dann beiseitestellen.

2 Die Ofentemperatur auf 130 °C reduzieren. Ein Waffeleisen vorheizen. Beide Mehle, Salz, Backpulver, Zimt und Muskat in eine große Schüssel geben und sorgfältig mischen. In einer zweiten Schüssel Kokosöl, Eier, Vanillemark, Ahornsirup, Kokosmilch und die zerdrückten Süßkartoffeln gründlich vermengen.

3 Die Eier-Kokosmilch-Mischung zu den trockenen Zutaten geben und sorgfältig vermengen, bis ein glatter Teig entsteht. Das Waffeleisen leicht einfetten. Eine kleine Menge Teig daraufgeben und fast bis zum Rand verstreichen. Das Waffeleisen schließen und die Waffel goldbraun backen. Im vorgewärmten Backofen warm halten, bis der gesamte Teig zu Waffeln verbacken ist.

4 Währenddessen Kokosraspel und Joghurt in einer großen Schüssel verrühren. Mit Frischhaltefolie abdecken und 15 Minuten im Kühlschrank quellen lassen. Die warmen Waffeln auf Teller geben und mit je einem Löffel Joghurt garnieren. Mit Kokosraspeln bestreuen und mit Ahornsirup beträufeln.

BUCHWEIZENPFANNKUCHEN NACH AMERIKANISCHER ART

MIT KIRSCH-MANDEL-SAUCE

Buchweizen ergibt ein tolles glutenfreies Mehl, und er ist noch besser verdaulich, wenn er über Nacht eingeweicht wird. Diese lockeren, gesunden Pfannkuchen sind dank der Kirsch-Mandel-Sauce doppelt lecker.

8 STCK. • 10 MIN. + ÜBER NACHT EINWEICHEN + 30 MIN. GAREN

FÜR DEN TEIG

150 g Buchweizenmehl
60 g Joghurt
200 ml Milch
2 Eier
¾ TL Speisenatron
¼ TL Backpulver
1 Msp. Vanillemark
1 Prise Salz
1–2 EL Kokosöl, plus etwas Öl nach Bedarf
griechischer Joghurt zum Servieren

FÜR DIE SAUCE

350 g Kirschen, entsteint
3 EL Zucker
½ TL Bittermandelaroma

1 Für den Teig Mehl, Joghurt und Milch in einer Schüssel vermengen. Mit einem sauberen Küchentuch abdecken und bei Zimmertemperatur 8–24 Stunden quellen lassen.

2 Eier, Natron, Backpulver, Vanillemark und Salz in einer großen Schüssel kurz verquirlen. Dann nach und nach die Eimischung unter die Mehlmischung rühren, bis alles gut vermengt ist.

3 Das Öl in einer großen Pfanne erhitzen. Den Teig esslöffelweise hineingeben, dabei etwas Abstand lassen, sodass die Pfannkuchen verlaufen können. Jeder Pfannkuchen sollte etwa 15 cm Durchmesser haben.

4 Die Pfannkuchen bei mittlerer Hitze backen, bis die Unterseite fest ist und sich an der Oberfläche kleine Blasen bilden. Dann wenden und weitere 1–2 Minuten backen, bis die Pfannkuchen gar sind. Im Backofen warm stellen, bis der ganze Teig verarbeitet ist. Bei Bedarf mehr Öl in die Pfanne geben.

5 Für die Sauce die Kirschen in einen großen Topf geben und mit 100 ml Wasser bedecken. Den Zucker hinzugeben, den Topf abdecken und bei mittlerer Hitze köcheln lassen, bis die Kirschen zerfallen. Aufdecken und einköcheln lassen, bis die Flüssigkeit zu Sirup wird. Vom Herd nehmen und das Mandelaroma einrühren. Die Pfannkuchen mit der Kirsch-Mandel-Sauce und dem Joghurt servieren.

CRANBERRY-QUINOA-RIEGEL MIT ORANGE & SCHOKOLADE

Die knusprigen, gesunden Müsliriegel eignen sich gut als Frühstück oder Snack und sorgen mit ihrer großen Portion Nährstoffe dafür, dass man gut durch den Tag kommt.

12 STCK. • 20 MIN. + ABKÜHLEN + 5 MIN. GAREN

- 120 g Mandeln, grob gehackt
- 120 g Quinoaflocken
- 35 g Sonnenblumenkerne
- 35 g Chiasamen
- 100 g getrocknete Cranberrys
- 125 g Puffreis
- 50 g dunkle Schokotropfen
- abgeriebene Schale von 2 Bio-Orangen
- 85 ml Kokosöl, plus Öl zum Einfetten
- 120 g klarer Honig
- 35 g Demerarazucker

1 Mandeln, Quinoaflocken, Sonnenblumenkerne, Chiasamen, Cranberrys, Puffreis, Schokotropfen und Orangenschale in einer großen Schüssel mit einem Holzlöffel gründlich vermengen und beiseitestellen. Eine 20 × 25 cm große Backform einfetten und mit Backpapier auslegen.

2 Öl, Honig und Zucker in einen Topf geben. Unter gelegentlichem Rühren 5 Minuten erhitzen, bis der Zucker geschmolzen ist und Blasen wirft. Auf die Seite stellen und 2 Minuten abkühlen lassen.

3 Die abgekühlte Zuckermasse zu den trockenen Zutaten geben und mit dem Holzlöffel gut vermengen, bis die Schokotropfen geschmolzen und gut verteilt sind. Die Masse in die Backform füllen, mit dem Löffelrücken zu einer gleichmäßig dicken Lage verstreichen und andrücken.

4 Die Backform mindestens 4 Stunden in den Kühlschrank stellen, damit die Masse fest wird. Aus dem Kühlschrank nehmen, auf ein Schneidebrett stürzen und in Riegel schneiden. Sie halten sich luftdicht verpackt im Kühlschrank bis zu fünf Tage.

ALTERNATIVEN

Wer keine Quinoaflocken hat, kann sie auch durch dieselbe Menge **Hirseflocken** ersetzen.

Auch locker ...

Sie können statt der Mandeln **Walnüsse**, statt der Sonnenblumenkerne **Kürbiskerne** und statt der Cranberrys auch **Rosinen** oder **gehackte Datteln** verwenden. Die Menge bleibt jeweils dieselbe wie im Rezept angegeben.

GERSTEN-SCONES MIT ERDBEEREN

Dies ist eine Vollwertvariante der klassischen britischen Scones. Die Erdbeeren lassen sich nach Belieben durch andere Beeren der Saison ersetzen.

8 STCK. · 20 MIN. + ABKÜHLEN + 20 MIN. GAREN

- 175 g Gerstenmehl
- 150 g Vollkornweizenmehl, plus Mehl zum Bestäuben
- ½ TL Salz
- 1 EL Backpulver
- ½ TL Speisenatron
- 100 g Butter, gekühlt und gewürfelt
- 125 g Erdbeeren, fein gehackt
- Mark von ½ Vanilleschote
- 1 Ei (Größe L)
- 75 ml Milch, plus Milch zum Bestreichen
- 4 EL Ahornsirup
- 1 EL Rohrzucker

1 Den Backofen auf 200 °C vorheizen. Ein Backblech mit Backpapier auslegen. Beide Mehle, Salz, Backpulver und Natron in eine große Schüssel geben und gründlich vermengen. Die Butter hinzugeben und alles mit den Fingern fein krümelig verreiben. Dann die Erdbeeren unterheben.

2 Vanillemark, Ei, Milch und Ahornsirup in einer zweiten Schüssel verquirlen. Die Mischung vorsichtig unter die trockenen Zutaten heben und leicht vermengen, aber nicht zu stark verrühren.

3 Den Teig auf einer gut bemehlten Arbeitsfläche 1 cm dick zu einem etwa 18 cm großen Quadrat ausrollen. Den Teig in vier gleich große Teile schneiden. Die Viertel diagonal in Dreiecke teilen und auf das Backblech legen.

4 Die Scones mit Milch bepinseln und mit Zucker bestreuen. Im Backofen 18–20 Minuten goldbraun backen. Zuerst 10 Minuten auf dem Backblech, dann auf einem Kuchengitter abkühlen lassen. Zimmerwarm servieren.

AMARANTBREI MIT KARAMELL-BANANE

Dieser warme Getreidebrei ist ein wunderbar süßer Start in den Tag.

4 PERSONEN · 10 MIN. + 30 MIN. GAREN

- 225 g ungekochter Amarant
- 60 g Zucker
- 3 reife Bananen, längs halbiert und in 1 cm dicke Stücke geschnitten
- 2 EL Demerarazucker
- 1 TL Zitronensaft
- 1 TL gemahlener Zimt
- 1 Prise Salz
- 1 EL Butter

1 Den Amarant in einen großen Topf mit 675 ml kochendem Wasser geben. Abdecken und die Temperatur auf mittlere bis schwache Hitze reduzieren. 20 Minuten kochen lassen, bis das Wasser fast vollständig aufgenommen ist. Den Zucker einrühren und vom Herd nehmen.

2 In der Zwischenzeit Bananenscheiben, Demerarazucker, Zitronensaft, Zimt und Salz in einer Schüssel vorsichtig vermengen, bis die Bananen mit einer Art Sirup benetzt sind.

3 Die Butter in einer großen Pfanne zerlassen und durch Schwenken verteilen. Sobald sie schäumt, die Bananen hineingeben und unter gelegentlichem Rühren 3–4 Minuten braten, bis sie weich werden und sich goldbraun färben. Vom Herd nehmen. Den Amarantbrei auf vier Schüsseln verteilen und die Bananen daraufgeben. Sofort servieren.

HUEVOS RANCHERO MIT SORGHUM

Dies ist eine vollwertige Version des herzhaften mexikanischen Frühstücksklassikers, die statt Reis das nährstoffreiche Supergetreide Sorghum enthält. Würzige Salsa und kräftiger Manchego sind die perfekten Begleiter für dieses Frühstück.

4 PERSONEN • 10 MIN. + RUHEN + 1 STD. GAREN

- 100 g ungekochtes Sorghum
- 500 ml Hühnerbrühe
- 3 EL natives Olivenöl extra, plus Öl nach Bedarf
- 1 Dose schwarze Bohnen (400 g), abgespült und abgetropft
- ½ TL gemahlener Kreuzkümmel
- 4 kleine Maistortillas
- 4 Eier (Größe L)
- 2 Avocados, entsteint und gewürfelt
- 30 g Manchego, gerieben
- 1 Handvoll Koriandergrün, grob gehackt, zum Garnieren

FÜR DIE SALSA

- 250 g passierte Tomaten
- 2–3 EL fein gehackte Zwiebel
- 1 Jalapeño-Chili, entkernt und fein gehackt
- 1 Knoblauchzehe, zerdrückt
- 1–2 EL Chilisauce
- Salz und frisch gemahlener schwarzer Pfeffer

1 Das Sorghum in einem kleinen Topf mit Brühe bedecken und zum Kochen bringen. Die Temperatur reduzieren, abdecken und 45 Minuten köcheln lassen. Vom Herd nehmen und etwa 10 Minuten zugedeckt stehen lassen. Die restliche Flüssigkeit abgießen und den Topf beiseitestellen.

2 In der Zwischenzeit für die Salsa Tomaten, Zwiebel, Jalapeño, Knoblauch und Chilisauce in einer Schüssel vermengen und mit 1 Prise Salz und Pfeffer würzen. In einem kleinen Topf 2 EL Öl erhitzen. Die Tomatenmischung bei mittlerer Hitze 2–3 Minuten darin köcheln lassen, bis sie eindickt. Vom Herd nehmen und beiseitestellen.

3 In einem weiteren Topf Bohnen, Kreuzkümmel und 3 EL Wasser bei mittlerer Hitze unter gelegentlichem Rühren köcheln lassen, bis das Wasser fast vollständig verdampft ist und die Bohnen weich sind. Vom Herd nehmen und die Bohnen grob mit einer Gabel zerdrücken. Beiseitestellen.

4 Die Tortillas in einer großen Pfanne bei mittlerer bis schwacher Hitze von jeder Seite 2 Minuten erwärmen. Herausnehmen und beiseitestellen. Die Pfanne mit Küchenpapier auswischen und das restliche Öl erhitzen. Die Eier einzeln bei mittlerer Hitze braten. Bei Bedarf mehr Öl in die Pfanne geben.

5 Die Tortillas auf Teller verteilen und Sorghum und jeweils ein Ei darauf anrichten. Bohnen, Salsa und Avocadowürfel ebenfalls auf die Teller verteilen. Mit Manchego bestreuen, mit Koriander garnieren und sofort servieren.

SPINAT-FRITTATA MIT KAMUT & BACON

Diese italienische Version des Omeletts ist nahrhaft und bekommt durch das Superfood Kamut eine ganz neue geschmackliche Dimension.

4–6 PERSONEN · 20 MIN. + 30 MIN. GAREN

- 1 Zwiebel, fein gehackt
- 6 Scheiben Bacon, in mundgerechte Stücke geschnitten
- 225 g Spinat, grob gehackt
- 6 Eier (Größe L)
- 100 g mittelalter Cheddar, gerieben
- 200 g vorgekochter Kamut (s. S. 22)
- Salz und frisch gemahlener schwarzer Pfeffer

1 Eine große ofenfeste Pfanne erhitzen und Bacon und Zwiebel bei mittlerer Hitze darin 5 Minuten braten, bis der Bacon knusprig und die Zwiebel glasig ist.

2 Den Spinat in die Pfanne geben und 4 Minuten dünsten, bis er zusammenfällt. Vom Herd nehmen und auf die Seite stellen.

3 Eier und Käse in einer großen Schüssel miteinander verquirlen. Den Kamut hineingeben und unter die Eimischung heben. Den Spinat unter die Kamutmasse heben und mit Salz und Pfeffer abschmecken. Alle Zutaten gründlich vermengen.

4 Die Pfanne wieder erhitzen. Die Spinatfüllung hineingeben und ohne zu rühren bei mittlerer bis schwacher Hitze 10–15 Minuten braten, bis die Ränder stocken und die Unterseite fest ist.

5 Den Backofengrill einschalten und 5 Minuten vorheizen. Dann die Pfanne 2–3 Minuten unter den Grill geben, bis die Frittata goldbraun ist. Aus dem Ofen nehmen und 5 Minuten ruhen lassen. Die Frittata in Stücke schneiden und heiß oder zimmerwarm servieren.

ALTERNATIVEN

Für dieses Gericht eignen sich verschiedene Getreide. Der Kamut lässt sich gut durch dieselbe Menge der folgenden Getreide ersetzen:

Auch lecker ...

Sie können den Spinat durch dieselbe Menge **Sprossenbrokkoli** ersetzen. Vor dem Einrühren in die Frittata blanchieren und abtropfen lassen oder fein gehackt andünsten.

HIRSE-BANANEN-BROT MIT WALNÜSSEN

Die Banane gibt diesem Brot eine kräftige, fruchtige Süße. Die Hirse bringt nicht nur die gesunden Nährstoffe des Vollkorns mit, sondern sorgt auch für eine knusprige, nussige Konsistenz

900-G-LAIB • 20 MIN. + 1 STD. GAREN

- 240 g Vollkornmehl
- 100 g Demerarazucker
- 1 TL Speisenatron
- ½ TL Backpulver
- ½ TL gemahlener Zimt
- 75 g Walnusskerne, gehackt
- ¼ TL Salz
- 2 Bananen
- 2 Eier (Größe L)
- 60 ml Olivenöl, plus Öl zum Einfetten
- 60 g Sahnejoghurt
- 150 g vorgekochte Hirse (s. S. 22)

1 Den Backofen auf 180 °C vorheizen. Eine Kastenform (30 cm) einfetten und mit Backpapier auslegen. Mehl, Zucker, Natron, Backpulver, Zimt, Walnusskerne und Salz in einer großen Schüssel gründlich vermengen.

2 Die Bananen in einer zweiten Schüssel mit der Gabel zerdrücken. Eier, Öl und Joghurt hinzugeben und sorgfältig vermengen. Die Hirse vorsichtig unter den Bananenbrei ziehen.

3 Das Mehl unter die Bananen-Hirse-Mischung heben, bis alles gerade eben vermengt ist: Wenn der Teig zu stark bearbeitet wird, wird das Brot zäh. Den Teig in die vorbereitete Form füllen und in den Ofen geben.

4 40 Minuten backen, dann aus dem Ofen nehmen und mit Alufolie abdecken. Weitere 20 Minuten backen, bis an einem hineingesteckten Holzstäbchen kein Teig mehr haften bleibt. Aus dem Ofen nehmen und vor dem Servieren abkühlen lassen.

ALTERNATIVEN

Zur Abwechslung können Sie die Hirse auch durch dieselbe Menge **Quinoa** ersetzen.

Auch lecker

Statt der Walnüsse schmecken auch **Pekannüsse** gut in diesem Brot. Alternativ zu Demerarazucker können Sie für den Teig auch **Palmzucker** verwenden.

EMMER-GEMÜSE-PFANNE MIT SCHINKEN-KÄSE-RÜHREI

Für einen gemütlichen Familienbrunch verträgt das klassische Rührei mit Schinken und Käse eine Ergänzung ... zum Beispiel durch diese lecker-bunte Emmer-Gemüse-Pfanne, die ganz einfach zuzubereiten ist.

4 PERSONEN • 10 MIN. + 20 MIN. GAREN

- 2 EL Olivenöl
- 1 rote Zwiebel, gewürfelt
- 200 g Zucchini, gewürfelt
- 1 rote Paprikaschote, entkernt und gewürfelt
- 200 g vorgekochter Emmer (s. S. 22)
- 15 g Basilikum, grob gehackt
- Salz und frisch gemahlener schwarzer Pfeffer
- 4 Eier (Größe L)
- 60 ml Milch
- 1 EL Butter
- 115 g gekochter Schinken, gewürfelt
- 115 g Cheddar, gerieben

1 Das Öl in einer großen Pfanne erhitzen. Zwiebeln, Zucchini und Paprika hineingeben und bei mittlerer Hitze unter gelegentlichem Rühren 8–10 Minuten braten, bis die Gemüse weich sind. Emmer und Basilikum hinzugeben und unterheben. Weitere 2 Minuten unter Rühren braten. Mit Salz und Pfeffer abschmecken, dann vom Herd nehmen und warm stellen.

2 In der Zwischenzeit Eier und Milch in einer großen Schüssel verquirlen und mit Salz und Pfeffer abschmecken. Die Butter in einer großen Pfanne zerlassen. Die Eimischung hineingeben und bei mittlerer Hitze unter gelegentlichem Rühren stocken lassen. Schinken und Käse hineingeben und unterheben. Dann vom Herd nehmen. Das Rührei und die Emmer-Gemüse-Pfanne auf vier Teller verteilen und heiß servieren.

WÜRZIGER KÜRBIS-TEFF-BREI

Dieser würzige Frühstücksbrei aus Kürbis und Teff ist wie Herbst in der Schüssel und schmeckt nicht nur zu Halloween!

2 PERSONEN · 5 MIN. + 20 MIN. GAREN

- 100 g ungekochter Teff
- 200 g Kürbispüree
- 120 ml Milch
- 4 EL Ahornsirup
- 1 TL gemahlener Zimt
- ½ TL gemahlener Ingwer
- 20 g Pekannusskerne

1 Den Teff mit 400 ml Wasser in einem großen Topf zum Kochen bringen und bei mittlerer Hitze 15 Minuten unter gelegentlichem Rühren köcheln lassen, bis er das Wasser vollständig aufgenommen und die Konsistenz von Brei hat. Vom Herd nehmen.

2 Kürbispüree, Milch, Ahornsirup, Zimt und Ingwer unter den Teffbrei ziehen und wieder auf den Herd stellen. Den Brei bei mittlerer Hitze unter ständigem Rühren 2 Minuten kochen, bis er heiß ist. Vom Herd nehmen, mit den Pekannusskernen garnieren und heiß servieren.

SÜSSER DINKEL-BEEREN-SALAT

Dieser leichte Salat mit seinem cremigen Joghurt-Topping ist eine aromatische Alternative zum Frühstück.

4 PERSONEN · 10 MIN. + 40 MIN. GAREN

- 100 g ungekochte Dinkelkörner
- 100 g Brombeeren
- 100 g Himbeeren
- 4 EL grob gehackte Minze
- Honig zum Servieren
- griechischer Joghurt zum Servieren

1 Den Dinkel in einem Topf mit reichlich Wasser bedecken und zum Kochen bringen. Die Temperatur reduzieren und 30–40 Minuten köcheln lassen, bis die Körner weich sind. Vom Herd nehmen und das restliche Wasser abgießen. Den Dinkel unter fließendem kaltem Wasser abspülen.

2 Den Dinkel in eine Schüssel geben. Die Beeren und die Minze hinzugeben und unterheben. Den Salat auf zwei Schüsseln verteilen und mit Honig beträufeln. Mit Joghurt servieren.

AMARANT-MUFFINS MIT HEIDELBEEREN

Diese lockeren Frühstücksmuffins voller leckerer Beeren erhalten durch den Amarant eine nussige Note. Warm sind sie die idealen Begleiter zu einem guten Kaffee oder einem Glas frisch gepressten Saft.

12 MUFFINS · 10 MIN. + 50 MIN. GAREN

- 50 g ungekochter Amarant
- 1 Ei (Größe L)
- 240 g Sahne
- 120 ml Rapsöl
- 250 g Mehl
- 75 g Zucker
- 1 EL Backpulver
- ½ TL Salz
- Mark von ½ Vanilleschote
- 225 g Heidelbeeren

1 Den Amarant in einem großen Topf mit Wasser bedecken und nach Packungsangabe kochen. Vom Herd nehmen, das restliche Wasser abgießen und den Amarant abkühlen lassen. Den Backofen auf 200 °C vorheizen. Eine Muffinform mit zwölf Mulden mit Papierförmchen bestücken.

2 Ei, Sahne und Öl in einer großen Schüssel gründlich miteinander verquirlen. Mehl, Zucker, Backpulver, Salz und Vanillemark zur Eimischung geben und gut verrühren. Dann Heidelbeeren und abgekühlten Amarant hinzugeben und gründlich unterheben.

3 Den Teig auf die Papierförmchen verteilen. 25–30 Minuten goldbraun backen, bis an einem hineingesteckten Zahnstocher kein Teig mehr haften bleibt. In der Muffinform 10 Minuten abkühlen lassen, dann auf einem Kuchengitter noch etwas auskühlen lassen. Warm servieren.

ALTERNATIVEN

Statt mit Amarant können Sie die Muffins auch mit derselben Menge **Quinoa** zubereiten. Die Quinoa 15 Minuten kochen.

Auch lecker ...

Verwenden Sie statt der Heidelbeeren dieselbe Menge **Himbeeren** oder getrocknete **Cranberrys**.

GRÜNKERN MIT ÄPFELN & ZIMT

Knackige Äpfel, süßer Apfelsaft und warmer Zimt ergeben mit köstlichem Grünkern ein wärmendes Frühstück.

4 PERSONEN · 5 MIN. + 20 MIN. GAREN

- 800 ml Apfelsaft
- 200 g Grünkernschrot
- 2 Granny-Smith-Äpfel, entkernt und gewürfelt
- 40 g Demerarazucker
- gemahlener Zimt nach Geschmack

1 Apfelsaft, Grünkern und Apfelwürfel in einem großen Topf gründlich vermengen und bei mittlerer Hitze zum Kochen bringen.

2 Die Temperatur auf schwache bis mittlere Hitze reduzieren und unter ständigem Rühren 12–20 Minuten kochen, bis der Grünkern weich ist.

3 Vom Herd nehmen, den Zucker einrühren und gründlich unterheben. Dann nach Geschmack mit Zimt bestreuen und sofort servieren.

SCHOKO-HASELNUSS-KNUSPERMÜSLI

Für alle, die Süßes lieben, ist dieses Knuspermüsli der perfekte Start in den Tag.

ETWA 800 G · 15 MIN. + 15 MIN. GAREN

- 125 g Honig
- 85 ml Kokosöl
- 30 g Kakaopulver
- ½ TL Salz
- 200 g Haferflocken
- 200 g vorgekochter Buchweizen (s. S. 22)
- 35 g Kürbiskerne
- 35 g Sonnenblumenkerne
- 100 g Haselnüsse, grob gehackt
- Joghurt und Obst zum Servieren

1 Den Backofen auf 180 °C vorheizen. Zwei Backbleche mit Backpapier auslegen. Den Honig in eine große Schüssel geben. Das Kokosöl im heißen Wasserbad zerlassen, dann mit dem Honig verrühren. Kakaopulver und Salz hinzugeben und gründlich verrühren.

2 Haferflocken, Buchweizen, Kürbiskerne, Sonnenblumenkerne und Haselnüsse in einer zweiten Schüssel mischen. Zur Honigmischung geben und alles gut miteinander verrühren.

3 Die Masse gleichmäßig auf die Backbleche verteilen und dünn verstreichen. 15 Minuten knusprig backen. Aus dem Ofen nehmen und prüfen, ob alles gut geröstet ist. Auf den Backblechen abkühlen lassen. Das Knuspermüsli mit Joghurt und frischem Obst servieren.

BUCHWEIZEN-CRÊPES MIT ÄPFELN & WALNÜSSEN

Dies ist eine Abwandlung der traditionellen bretonischen Galette. Walnüsse und Äpfel verleihen dem Crêpe mit Brie und Parmaschinken Biss und eine angenehm fruchtige Note.

4 PERSONEN · 10 MIN. + 20 MIN. GAREN

- 2 EL Butter, zimmerwarm, plus Butter nach Bedarf
- 1 Apfel, in dünne Scheiben geschnitten
- 225 g Brie, in kleine Stücke geschnitten
- 60 g Walnüsse, grob gehackt
- 4 Scheiben Parmaschinken, grob gehackt

FÜR DEN TEIG

- 1 EL Butter, zerlassen
- 75 g Buchweizenmehl
- 150 ml Milch
- 2 Eier (Größe L)

1 In einer Pfanne 1 EL Butter zerlassen. Die Apfelscheiben hineingeben und unter gelegentlichem Wenden 2 Minuten andünsten, bis sie weich und leicht karamellisiert sind. Vom Herd nehmen und warm stellen.

2 Für den Teig alle Zutaten in der Küchenmaschine oder mit dem Handrührgerät gründlich verrühren. Die restliche Butter in einer großen Pfanne bei mittlerer Hitze zerlassen. 2–3 Esslöffel Teig in die Mitte der Pfanne geben und durch Schwenken oder mit dem Kellenrücken dünn auf dem Pfannenboden verteilen.

3 Den Crêpe 2 Minuten backen, bis sich die Ränder aufwellen und der Crêpe fest und an der Unterseite leicht gebräunt ist. Wenden, ein Viertel des Brie daraufgeben und 1–2 Minuten backen. Vom Herd nehmen, auf einen Teller geben und warm stellen.

4 Bei Bedarf mehr Butter in die Pfanne geben und die restlichen Crêpes ebenso backen. Die fertigen Crêpes jeweils mit einem Viertel der Äpfel, der Walnüsse und des Parmaschinkens belegen. In der Mitte falten, die Seiten unterschlagen und warm servieren.

SPINAT-ARTISCHOCKEN-QUICHE MIT AMARANTBODEN

Diese Quiche mit ihrem Boden aus Amarantmehl ist ein köstliches warmes Frühstück, das vegetarisch und glutenfrei ist. Am besten gelingt sie mit in Öl eingelegten Artischocken.

6 PERSONEN · 20 MIN. + 50 MIN. GAREN

FÜR DEN TEIG

- 70 g Amarantmehl
- 45 g Tapiokamehl oder Stärkemehl
- 30 g gemahlene Mandeln
- ¼ TL Salz
- 3 EL Sonnenblumenöl, plus Öl zum Einfetten

FÜR DIE FÜLLUNG

- 1 EL Olivenöl
- 1 Knoblauchzehe, zerdrückt
- 110 g Zwiebeln, fein gehackt
- 140 g Spinat
- 4–5 Artischockenherzen in Öl, abgetropft und grob gehackt
- 60 g Ziegenkäse

FÜR DEN GUSS

- 2 Eier (Größe L)
- 2 Eigelb
- 250 ml Milch
- Salz und frisch gemahlener schwarzer Pfeffer

1 Den Backofen auf 200 °C vorheizen. Eine 22-cm-Tarteform mit herausnehmbarem Boden einfetten. Für den Teig Mehl und Stärke, Mandeln und Salz in einer großen Schüssel gründlich vermengen. In einer kleinen Schüssel das Öl mit 3 EL Wasser verquirlen. Eine Mulde in die Mitte der trockenen Zutaten drücken und die Ölmischung hineingeben. Alles zu einem leicht klebrigen Teig verkneten und bei Bedarf etwas mehr Wasser hinzufügen.

2 Den Teig zwischen zwei Lagen Frischhaltefolie ausrollen und in die eingefettete Tarteform legen. Den Rand gut andrücken. Den Teigboden mehrfach mit einer Gabel einstechen. 10 Minuten blindbacken. Aus dem Ofen nehmen und beiseitestellen. Die Ofentemperatur auf 180 °C reduzieren.

3 Für die Füllung das Öl in einem Topf erhitzen und Knoblauch und Zwiebeln bei mittlerer Hitze 3–5 Minuten glasig andünsten. Den Spinat hineingeben und weitere 2–3 Minuten dünsten, bis er zusammenfällt. Vom Herd nehmen und beiseitestellen.

4 Für den Guss Eier, Eigelbe und Milch in einer großen Schüssel verquirlen und mit ¼ TL Salz und einer guten Portion Pfeffer würzen. Erneut verquirlen. Den Spinat auf den Tarteboden geben. Die Artischockenherzen darauf verteilen und alles mit der Eimischung übergießen. Den Käse zerkrümeln und darüberstreuen.

5 Die Quiche 40 Minuten backen, bis die Eimischung gestockt und goldbraun ist. Aus dem Ofen nehmen und in der Form leicht abkühlen lassen, dann in Stücke schneiden. Warm oder auf Zimmertemperatur abgekühlt servieren.

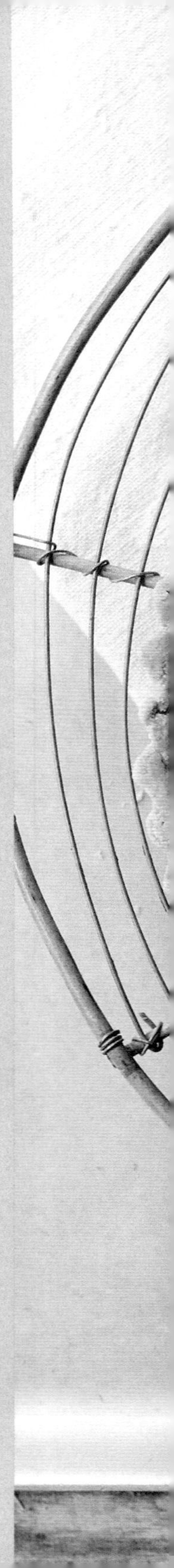

KRÄFTIGE SUPPEN

ROTE-BETE-SUPPE MIT BUCHWEIZEN
& ZITRONENJOGHURT

In dieser leuchtend roten Suppe ergeben erdige Rote Bete, frischer Zitronenjoghurt und Buchweizen einen harmonischen Geschmacksdreiklang und eine wunderbar leichte Mahlzeit.

4 PERSONEN · 15 MIN. + 50 MIN. GAREN

- 1 EL Olivenöl
- 1 Zwiebel, fein gehackt
- 750 g Rote Bete, geputzt und in kleine Stücke geschnitten
- 500 ml Gemüsebrühe
- 1 Dose gehackte Tomaten (400 g)
- Salz und frisch gemahlener schwarzer Pfeffer
- 200 g vorgekochter Buchweizen (s. S. 22)
- 1 Handvoll Dillspitzen

FÜR DEN ZITRONENJOGHURT

- 250 g Joghurt
- Saft von 1 Zitrone

1 Das Öl in einem großen Topf erhitzen und die Zwiebeln bei mittlerer Hitze unter häufigem Rühren 5 Minuten glasig anschwitzen. Rote Bete und Brühe hinzugeben, zum Kochen bringen und 30–40 Minuten köcheln lassen, bis die Rote Bete weich ist.

2 Die Tomaten in den Topf geben und 2-3 Minuten kochen. Die Suppe im Mixer oder mit dem Stabmixer in Intervallen glatt pürieren und nach Geschmack würzen. Wieder in den Topf geben und bei schwacher Hitze weitere 2–3 Minuten durchwärmen. Vom Herd nehmen.

3 Für den Joghurt die Zutaten in eine Schüssel geben und gründlich vermengen. Suppe und Buchweizen auf tiefe Teller verteilen, je einen Löffel Joghurt daraufgeben, mit Dillspitzen garnieren und heiß servieren.

ALTERNATIVEN

Sie können den Buchweizen auch durch dieselbe Menge vorgekochtes Sorghum oder vorgekochte Hirse ersetzen.

CREMIGE FRÜHKOHL-SUPPE MIT WEIZEN

Diese leuchtend grüne Suppe wird ganz ohne Milchprodukte cremig, sondern nur mithilfe von weißen Bohnen. Der Weizen gibt ihr Biss und macht sie wunderbar herzhaft.

4 PERSONEN • 15 MIN. + 30 MIN. GAREN

- 1 EL Olivenöl
- 1 Zwiebel, fein gehackt
- 2 Knoblauchzehen, zerdrückt
- 4 Lauchstangen, geputzt und in dünne Ringe geschnitten
- 500 g Frühkohl, dicke Strünke entfernt, Blätter in feine Streifen geschnitten
- 750 ml Gemüsebrühe
- 2 Dosen weiße Bohnen (à 400 g), abgetropft
- Salz und frisch gemahlener schwarzer Pfeffer
- 400 g vorgekochte Weizenkörner (s. S. 22)

1. Das Öl in einem großen Topf erhitzen und Zwiebel und Knoblauch bei mittlerer Hitze unter ständigem Rühren 5 Minuten anschwitzen.
2. Den Lauch hinzufügen und unter ständigem Rühren 10 Minuten garen, bis er weich wird. Den Frühkohl dazugeben und 2–3 Minuten dünsten, bis er zusammenfällt.
3. Die Gemüsebrühe hinzugießen, zum Kochen bringen und die Suppe etwa 10 Minuten köcheln lassen, dann die weißen Bohnen hinzufügen. Die Suppe im Mixer oder mit dem Stabmixer in Intervallen glatt pürieren. Nach Geschmack salzen.
4. Die Suppe wieder in den Topf geben und 2–3 Minuten erhitzen. Den Weizen einrühren und den Topf vom Herd nehmen. Die Suppe auf Suppenteller verteilen, mit Pfeffer würzen und heiß servieren.

ALTERNATIVEN

Statt des Weizens können Sie auch dieselbe Menge dieser vorgekochten Getreidesorten verwenden:

Auch lecker ...

Verwenden Sie statt des Frühkohls **Grünkohl** (ohne Strünke) oder **Weißkohl**.

FRÜHLINGS-MINESTRONE MIT SORGHUM & PESTO

Diese leichte und gesunde Suppe aus frischen Frühlingsgemüsen und herzhaftem Sorghum steckt voller Aromen und schmeckt sowohl an kalten als auch an warmen Tagen.

4 PERSONEN · 15 MIN. + 1 STD. 25 MIN. GAREN

- 4 EL natives Olivenöl extra
- 1 kleine Fenchelknolle, mit Grün, ohne Strunk klein gewürfelt
- 1 Frühlingszwiebel, gewürfelt
- 6 Knoblauchzehen, in dünne Scheiben geschnitten
- 1 festkochende Kartoffel, gewürfelt
- 1 TL getrockneter Thymian
- ¼ TL Chiliflocken (nach Belieben)
- Salz und frisch gemahlener schwarzer Pfeffer
- 100 g ungekochtes Sorghum
- 1 Dose weiße Bohnen (400 g)
- 100 g Blattkohl, wie Grünkohl, Spinat oder Pak Choi

FÜR DAS PESTO

- 1 großes Bund Basilikum
- 1 kleine Knoblauchzehe, zerdrückt
- 40 g geröstete Pinienkerne
- 40 g Parmesan, gerieben
- 120 ml natives Olivenöl extra

1 Das Öl in einem großen Topf erhitzen und Fenchel (ohne das Grün) und Frühlingszwiebel darin bei mittlerer Hitze 10 Minuten anschwitzen, bis sie weich sind. Knoblauch, Kartoffel, Thymian und nach Belieben Chiliflocken hinzugeben und mit ½ TL Salz würzen. Alles gründlich vermengen und weitere 2–3 Minuten garen.

2 Das Sorghum hineingeben und mit 2 l Wasser bedecken. Aufkochen lassen, dann die Temperatur reduzieren. 40 Minuten köcheln lassen, dann die Bohnen einrühren und weitere 20 Minuten garen. Mit Salz und Pfeffer abschmecken. Falls die Suppe zu dünnflüssig erscheint, weitere 2 Minuten köcheln lassen. Den Blattkohl hinzugeben und 5 Minuten garen, bis er gerade zusammenfällt. Vom Herd nehmen.

3 Für das Pesto alle Zutaten bis auf das Öl im Mixer grob hacken. Das Öl langsam in einem gleichmäßigen Strahl hinzugießen und untermixen. Abschmecken. Die Suppe auf Schalen verteilen und mit je einem Löffel Pesto und etwas Fenchelgrün garniert heiß servieren.

SOMMERLICHE ERBSENSUPPE MIT QUINOA

Diese leichte kalte Suppe erhält durch die proteinreiche Quinoa eine wunderbar nussige Note. Sie ist herrlich cremig, schnell zubereitet und ein erfrischendes Mittagessen für warme Tage.

4 PERSONEN · 10 MIN. + 25 MIN. GAREN

- 50 g ungekochte Quinoa
- 2 Avocados, entsteint
- 500 g Erbsen (TK)
- 20 g Minze, gehackt, plus Minze zum Garnieren
- 1 l ungesüßte Mandelmilch

1 Die Quinoa unter fließendem Wasser waschen, abtropfen lassen und in einen Topf geben. Mit 250 ml Wasser bedecken und zum Kochen bringen.

2 Die Temperatur reduzieren, den Topf abdecken und 15–20 Minuten köcheln lassen, bis das Getreide die Flüssigkeit fast vollständig aufgenommen hat. Vom Herd nehmen, abgießen und beiseitestellen.

3 Das Fruchtfleisch der Avocado auslösen und mit Erbsen, Minze und der Hälfte der Milch im Mixer oder mit dem Stabmixer glatt pürieren. Die restliche Milch hinzufügen und in Intervallen einrühren.

4 Suppe und Quinoa gleichmäßig auf vier Suppenschalen verteilen, mit Minze garnieren und sofort servieren.

ALTERNATIVEN

Statt der Quinoa können Sie auch dieselbe Menge Gerste oder Dinkel verwenden.

TOMATEN-PAPRIKA-SUPPE MIT EMMER

Diese würzige Tomatensuppe wird durch den Emmer zu einer vollwertigen Mahlzeit.

4 PERSONEN • 15 MIN. + EINWEICHEN + 1 STD. 10 MIN. GAREN

- 150 g ungekochte Emmerkörner
- 800 g Tomaten, geviertelt
- 3 rote Paprikaschoten, entkernt und grob gehackt
- 1 Zwiebel, grob gehackt
- 4 Knoblauchzehen, zerdrückt
- 3 EL Olivenöl
- 500 ml Gemüsebrühe
- Salz und frisch gemahlener schwarzer Pfeffer
- 4 EL gehacktes Basilikum

1 Den Emmer in einer großen Schüssel mit Wasser bedecken und 8–12 Stunden einweichen. Abgießen, unter fließendem Wasser waschen und gut abtropfen lassen. In einem Topf mit Wasser bedecken und aufkochen. Dann die Temperatur reduzieren und das Getreide 30 Minuten köcheln lassen, bis es gar und bissfest ist. Vom Herd nehmen.

2 Den Backofen auf 180 °C vorheizen. Tomaten, Paprika, Zwiebel und Knoblauch auf einem Backblech verteilen, mit Öl beträufeln und darin wenden. Im Backofen 45 Minuten rösten, bis das Gemüse weich und leicht karamellisiert ist. Aus dem Ofen nehmen.

3 Das Gemüse mit dem Garsud vom Backblech in einen Mixer geben oder mit dem Stabmixer glatt pürieren. Nach und nach die Brühe einarbeiten, bis eine suppenartige Konsistenz erreicht ist. Die Suppe in einen Topf geben und leicht erhitzen. Den Emmer hinzufügen und 5 Minuten durchwärmen. Mit Salz und Pfeffer abschmecken und mit Basilikum garniert heiß servieren.

CHIPOTLE-SÜSS-KARTOFFELSUPPE

Die geräucherten Jalapeños (Chipotles) verleihen der klassischen Süßkartoffelsuppe eine angenehme Schärfe und Würze.

4 PERSONEN • 10 MIN. + 1 STD. 10 MIN. GAREN

- 1 EL Olivenöl
- 1 Gemüsezwiebel, gewürfelt
- 2 Knoblauchzehen, zerdrückt
- 2 Chipotle-Chilis aus der Dose, fein gehackt, mit 2 EL Adobo-Sauce
- 950 ml salzarme Gemüsebrühe
- 450 g Süßkartoffeln, in 2,5 cm große Würfel geschnitten
- 1 EL Honig
- 55 g ungekochter Grünkern
- Salz und frisch gemahlener schwarzer Pfeffer

1 Das Öl in einem Bräter erhitzen und Zwiebeln und Knoblauch bei mittlerer Hitze 3–5 Minuten anbraten, bis sie leicht gebräunt sind. Die Chilis samt der Sauce hinzugeben und gut unterrühren.

2 Brühe, Süßkartoffeln und Honig hinzugeben, gründlich vermengen und zum Kochen bringen. Die Temperatur reduzieren, den Bräter abdecken und alles etwa 30 Minuten köcheln lassen. Dann vom Herd nehmen.

3 Die Suppe mit dem Stabmixer glatt pürieren. Den Grünkern dazugeben und unter gelegentlichem Rühren bei schwacher bis mittlerer Hitze weitere 30–40 Minuten köcheln lassen. Vom Herd nehmen, mit Salz und Pfeffer abschmecken und sofort servieren.

CREMIGE PILZSUPPE MIT GERSTE

Mit getrockneten Pilzen und Gerste im Vorratsschrank lässt sich diese herzhafte Suppe jederzeit zubereiten. Getrocknete Kräuter und Weißwein sorgen zusätzlich für kräftige Aromen in der sättigenden Wintersuppe.

4–6 PERSONEN · 10 MIN. + EINWEICHEN + 1 STD. 30. MIN. GAREN

- 30 g gemischte getrocknete Pilze (z. B. Champignons und Shiitake)
- 100 g ungekochte Gerstenkörner
- 1 Prise Salz
- 1 EL Butter
- 2 EL Olivenöl
- 1 Zwiebel, gewürfelt
- 2 Knoblauchzehen, zerdrückt
- 1 TL getrockneter Thymian
- 1 TL getrockneter Rosmarin
- ½ TL Meersalz
- 190 g braune Champignons, in dünne Scheiben geschnitten
- 190 ml trockener Weißwein
- 950 ml salzarme Hühnerbrühe
- 2 EL Mehl
- 120 g griechischer Joghurt, zimmerwarm
- 1 EL grob gehackten Schnittlauch zum Garnieren

1 Die getrockneten Pilze in einer großen Schüssel mit 500 ml warmem Wasser bedecken und 30 Minuten einweichen. Abgießen und das Einweichwasser auffangen. Die Pilze grob hacken und auf die Seite stellen.

2 Die Gerste in einen großen Topf geben und mit 375 ml Wasser bedecken, 1 Prise Salz hinzugeben und zum Kochen bringen. Die Temperatur reduzieren, den Topf abdecken und 45 Minuten köcheln lassen, bis die Gerste weich ist und die Flüssigkeit vollständig aufgenommen hat. Vom Herd nehmen und beiseitestellen.

3 In der Zwischenzeit Butter und Öl in einem großen Topf bei mittlerer Temperatur erhitzen und die Zwiebeln unter häufigem Rühren 2–3 Minuten glasig anschwitzen. Knoblauch, Thymian, Rosmarin und Salz hineingeben und sorgfältig untermengen. Unter gelegentlichem Rühren weitere 2 Minuten anbraten.

4 Alle Pilze in den Topf geben und unter häufigem Rühren 5 Minuten dünsten, bis die Champignons weich werden und leicht zu bräunen beginnen. Den Wein hinzugießen und weitere 10 Minuten köcheln lassen, bis er verkocht ist.

5 Die Brühe in den Topf geben und durchrühren. Zum Kochen bringen, dann die Temperatur reduzieren und 5 Minuten köcheln lassen. 120 ml der Flüssigkeit in eine Schale abfüllen und mit dem Mehl glatt rühren. Die Mehlmischung wieder in die Suppe geben und weitere 20–25 Minuten kochen.

6 Die Gerste hinzugeben und unter gelegentlichem Rühren 5 Minuten durchwärmen. Vom Herd nehmen. Den Joghurt in eine Schüssel füllen und mit 1 EL Suppe verquirlen, dann in die Suppe rühren. Die Suppe mit Schnittlauch garniert heiß servieren.

SÜSSKARTOFFEL-ERDNUSS-SUPPE MIT TEFF

Die Aromen der westafrikanischen Küche haben zu dieser Suppe mit ihrem zarten Erdnussaroma inspiriert. Der Teff sorgt für ein leicht erdiges Aroma und Biss.

6–8 PERSONEN · 15 MIN. + 45 MIN. GAREN

- 100 g ungekochter Teff
- 1 EL Olivenöl
- 1 Zwiebel, fein gehackt
- 2 Knoblauchzehen, fein gehackt
- 1 EL gemahlener Kreuzkümmel
- 1 Dose gehackte Tomaten (400 g)
- 700 g Süßkartoffeln, ungeschält in Würfel geschnitten
- 1 l Gemüsebrühe
- 100 g cremige Erdnussbutter
- Salz und frisch gemahlener schwarzer Pfeffer
- 200 g Joghurt zum Servieren
- 6 EL grob gehacktes Koriandergrün zum Garnieren

1 400 ml Wasser in einem großen Topf zum Kochen bringen, den Teff hineingeben, die Temperatur reduzieren und unter ständigem Rühren 10 Minuten köcheln lassen, bis das Wasser vollständig aufgenommen ist. Vom Herd nehmen und beiseitestellen.

2 In der Zwischenzeit das Öl in einem großen Topf erhitzen und Zwiebel und Knoblauch bei mittlerer Hitze 5 Minuten glasig anschwitzen. Den Kreuzkümmel hinzugeben und weitere 2 Minuten anrösten.

3 Tomaten, Süßkartoffeln und Brühe in den Topf geben, die Temperatur reduzieren, den Topf abdecken und 30 Minuten köcheln lassen, bis die Süßkartoffeln gar sind. Vom Herd nehmen und mit dem Stabmixer zu einer glatten Suppe pürieren. Die Erdnussbutter einrühren und erneut mixen.

4 Den Teff in die Suppe rühren, wieder bei mittlerer Hitze auf den Herd stellen und 2–3 Minuten durchwärmen. Vom Herd nehmen und mit Salz und Pfeffer abschmecken. Die Suppe auf Schalen verteilen und jeweils einen Löffel Joghurt daraufgeben. Mit Koriandergrün garniert heiß servieren.

KÜRBIS-GRAUPEN-SUPPE

Die süßen und erdigen Noten des Butternusskürbis dominieren diese Suppe. Gerste und Kürbisstücke sorgen für den Biss und Ingwer und Zimt für die wohlig-warme Würze. So übersteht man auch die kältesten Herbsttage.

4 PERSONEN • 10 MIN. + 50 MIN. GAREN

- 100 g ungekochte Perlgraupen
- 2 EL Olivenöl
- 1 Zwiebel, gewürfelt
- Salz und frisch gemahlener schwarzer Pfeffer
- 2 Möhren, in dünne Scheiben geschnitten
- 1 Apfel, entkernt und gewürfelt
- 1 rote Paprikaschote, entkernt und gewürfelt
- 1 Butternusskürbis (ca. 900 g), geschält, entkernt und in Würfel geschnitten
- 1 l Gemüsebrühe
- 1 TL gemahlener Zimt
- 1 TL gemahlener Ingwer
- 1 TL Paprikapulver edelsüß

1 Die Perlgraupen in einem großen Topf mit 350 ml Wasser bedecken und zum Kochen bringen. Die Temperatur auf schwache bis mittlere Hitze reduzieren und die Graupen 25–30 Minuten garen. Vom Herd nehmen, abgießen und beiseitestellen.

2 In der Zwischenzeit das Öl in einem Bräter erhitzen und die Zwiebeln mit 1 Prise Salz bei mittlerer Hitze unter ständigem Rühren 8 Minuten glasig anschwitzen. Möhren, Apfel, Paprika und Kürbis hinzugeben, durchrühren und mit der Brühe übergießen. Den Bräter abdecken und unter gelegentlichem Rühren 30 Minuten garen.

3 Zimt, Ingwer und Paprikapulver einrühren und weitere 10 Minuten köcheln lassen. Vom Herd nehmen, etwa 150 g des Gemüses mit dem Schaumlöffel herausheben und beiseitestellen. Die Suppe mit dem Stabmixer glatt pürieren. Das beiseitegestellte Gemüse wieder hinzufügen, die Perlgraupen dazugeben, mit Salz und Pfeffer abschmecken und sofort servieren.

INDISCHE ROTE-LINSEN-SUPPE MIT KAMUT

Linsen gehörten zu den gesündesten Hülsenfrüchten und liefern viel Eiweiß und Eisen. Diese leicht scharfe Suppe mit dem leckeren Geschmack des Kamut wärmt an eisigen Wintertagen.

4-6 PERSONEN · 20 MIN. + 40 MIN. GAREN

- 1 EL Olivenöl
- 1 große Zwiebel, fein gehackt
- 1 Lauchstange, geputzt und fein gehackt
- 1 Stück Ingwer (5 cm), geschält und fein gehackt
- 2 TL mildes Currypulver
- 4 Bio-Möhren, ungeschält und grob gehackt
- 300 g rote Linsen
- 300 g ungekochte Kamutkörner
- 1,5 l heiße Gemüsebrühe
- Salz und frisch gemahlener schwarzer Pfeffer

1 Das Öl in einem großen Topf erhitzen und Zwiebeln und Lauch bei mittlerer Hitze 5 Minuten anschwitzen. Ingwer und Currypulver einrühren. Falls sie ansetzen, etwas Wasser hinzufügen. Möhren, Linsen und Kamut in den Topf geben und durchrühren.

2 Zunächst 1 l Brühe hinzugießen, den Rest beiseitestellen. Den Topf abdecken, die Temperatur reduzieren und alles 30 Minuten köcheln lassen, bis die Linsen zerfallen und Kamut und Möhren gar sind. Zwischendurch bei Bedarf Brühe nachgießen.

3 Den Topf vom Herd nehmen und die Suppe mit dem Stabmixer grob pürieren. Dabei nach Bedarf etwas mehr Brühe zugießen. Mit Salz und Pfeffer abschmecken. Gut umrühren und warm servieren.

WINTERLICHE GEMÜSE-SUPPE MIT GRAUPEN & SPECK

Diese köstliche Kombination aus Wurzelgemüse, Grünkohl und Perlgraupen wärmt an kalten Wintertagen und ist eine sättigende, vollständige Mahlzeit.

4 PERSONEN · 10 MIN. + 55 MIN. GAREN

- 1 EL Olivenöl
- 1 Zwiebel, in feine Streifen geschnitten
- 1 Möhre, gewürfelt
- 1 Pastinake, gewürfelt
- 1 kleine weiße Rübe (ca. 250 g), gewürfelt
- 200 g Perlgraupen, abgespült
- 1,5 l Gemüsebrühe
- 8 Scheiben Bacon, in mundgerechte Stücke geschnitten
- 50 g Grünkohl, grob gehackt
- Salz und frisch gemahlener schwarzer Pfeffer

1 Das Öl in einem großen Topf erhitzen und die Zwiebeln bei mittlerer Hitze unter gelegentlichem Rühren 5 Minuten glasig anschwitzen. Möhre, Pastinake und Rübe hineingeben und weitere 5 Minuten dünsten.

2 Graupen und Brühe hinzugeben, durchrühren und die Temperatur reduzieren. Den Deckel auflegen, aber nicht dicht schließen. 30–40 Minuten köcheln lassen, bis Gemüse und Graupen weich sind.

3 In der Zwischenzeit eine Pfanne erhitzen und darin den Bacon bei mittlerer bis starker Hitze 5 Minuten knusprig braten. Vom Herd nehmen und beiseitestellen.

4 Den Grünkohl in die Suppe geben und weitere 2–3 Minuten köcheln lassen, bis er zusammengefallen ist. Vom Herd nehmen, mit Salz und Pfeffer abschmecken. Den Bacon einrühren. Die Suppe in Schalen füllen und heiß servieren.

ALTERNATIVEN

Statt mit Perlgraupen können Sie die Suppe auch mit derselben Menge dieser Getreide zubereiten:

Auch lecker ...

Statt des Grünkohls können Sie auch **Weißkohl** verwenden.

HÜHNERSUPPE MIT DINKEL

Den besten Geschmack erhält man mit einem Bio-Hähnchen aus Freilandhaltung und mit selbst gekochter Brühe. Die Kräuter sorgen für noch mehr frische Aromen.

4–6 PERSONEN • 20 MIN. + 30 STD. GAREN

- 1 ganzes Hähnchen, etwa 1 kg, gebraten
- 200 g ungekochte Dinkelkörner, über Nacht eingeweicht
- 1 EL Olivenöl
- 1 Zwiebel, fein gehackt
- 2 Knoblauchzehen, zerdrückt
- 4 Stangen Staudensellerie, fein gehackt
- 2 Möhren, in mundgerechte Stücke geschnitten
- 2 festkochende Kartoffeln, in mundgerechte Stücke geschnitten
- ½ TL getrockneter Salbei
- ½ TL getrockneter Thymian
- ½ TL getrockneter Rosmarin
- Salz und frisch gemahlener schwarzer Pfeffer
- 4 EL gehackte glatte Petersilie

Für die Brühe

- 1 Zwiebel, fein gehackt
- 2 Knoblauchzehen, gehackt
- 2 Stangen Staudensellerie, fein gehackt
- 1 EL Apfelessig

1 Das gebratene Hähnchen auf die saubere Arbeitsfläche legen und das Fleisch mit einer Gabel in Stücken vom Knochen lösen. In eine Schüssel geben und im Kühlschrank kalt stellen. Die Karkasse aufbewahren. Den Dinkel unter fließendem Wasser waschen und gründlich abtropfen lassen. Beiseitestellen.

2 Für die Brühe die Karkasse in einem Topf mit 2 l Wasser bedecken. Zwiebel, Knoblauch, Sellerie und Essig hinzugeben und mit 1 TL Salz würzen. Den Topf abdecken und mindestens 2 Stunden köcheln lassen. Vom Herd nehmen und alles Fett von der Oberfläche abschöpfen. Die Brühe abseihen, Karkasse und Gemüse wegwerfen und die Brühe beiseitestellen.

3 Das Öl in einem großen Topf erhitzen und Zwiebel, Knoblauch und Sellerie bei mittlerer Hitze unter häufigem Rühren 5 Minuten anschwitzen, bis Zwiebel und Sellerie weich sind. Möhren, Kartoffeln und Dinkel in den Topf geben und gut durchrühren.

4 Die Brühe hinzugießen, den Topf abdecken und 40 Minuten köcheln lassen, bis der Dinkel weich ist. Salbei, Thymian, Rosmarin und das Hähnchenfleisch hinzugeben. Die Suppe weitere 10 Minuten köcheln lassen, bis das Fleisch heiß ist. Vom Herd nehmen und mit Salz und Pfeffer abschmecken. Mit Petersilie garnieren und sofort servieren.

CREMIGE BLUMENKOHLSUPPE MIT BULGUR & KÄSE

Blumenkohl passt hervorragend zu Käse. Die Kombination aus Cheddar und Parmesan verleiht dieser Suppe ihren besonderen Pfiff und macht sie – zusammen mit dem Bulgur – wunderbar gehaltvoll.

4-6 PERSONEN · 5 MIN. + 30 MIN. GAREN

- 1 EL Olivenöl
- 1 Zwiebel, fein gehackt
- 1 Blumenkohl (etwa 300 g), in Röschen geteilt
- 200 g ungekochter Bulgur
- 1,2 l heiße Gemüsebrühe
- 250 ml Milch
- 140 g mittelalter Cheddar, gerieben
- 20 g Parmesan, gerieben
- Salz und frisch gemahlener schwarzer Pfeffer

1 Das Öl in einem großen Topf erhitzen und die Zwiebel bei mittlerer Hitze 5 Minuten glasig anschwitzen. Dann Blumenkohl, Bulgur und Brühe hineingeben und umrühren.

2 Abdecken, die Temperatur reduzieren und 20-25 Minuten köcheln lassen, bis der Blumenkohl weich ist. Vom Herd nehmen und mit dem Stabmixer zu einer glatten Suppe pürieren.

3 Bei schwacher Hitze wieder auf den Herd stellen. Die Milch unter Rühren langsam hinzugießen, dann unter ständigem Rühren nach und nach beide Käsesorten hinzugeben und rühren, bis der Käse völlig geschmolzen ist. Vom Herd nehmen, mit Salz und Pfeffer abschmecken und heiß servieren.

SELLERIE-APFEL-SUPPE MIT POLENTA-CROÛTONS

Knollensellerie ist der nährstoffreiche Verwandte der Pastinake. Er lässt sich hervorragend mit Äpfeln kombinieren, denn deren Säure verleiht dem Wurzelgemüse eine frische Note.

4–6 PERSONEN · 10 MIN. + KÜHLEN + 55 MIN. GAREN

FÜR DIE CROÛTONS

- Salz und frisch gemahlener schwarzer Pfeffer
- 150 g Instant-Polenta
- 2 Zweige Rosmarin, fein gehackt
- 2 EL Olivenöl

FÜR DIE SUPPE

- 2–3 EL Olivenöl
- 2 Sellerieknollen, geschält und gewürfelt
- 1 festkochende Kartoffel, gewürfelt
- 2 grüne Äpfel, entkernt und gewürfelt
- 6 Frühlingszwiebeln, nur die weißen Teile, gehackt; Grün zum Garnieren aufbewahren
- Salz und frisch gemahlener weißer Pfeffer
- 60–120 g Gruyère, gerieben

1 Für die Croûtons 750 ml Wasser in einen Topf geben und mit ¼ TL Salz zum Kochen bringen. Die Polenta nach und nach einrühren. Die Temperatur reduzieren und unter ständigem Rühren 3 Minuten garen, bis sie angedickt ist. Vom Herd nehmen.

2 Ein Backblech mit Backpapier auslegen. Die Polenta mit Pfeffer und Rosmarin würzen und das Öl einrühren. Die Polenta etwa 5 mm dünn auf dem Backblech verstreichen und 2 Stunden im Kühlschrank fest werden lassen.

3 Für die Suppe das Öl in einem großen Topf erhitzen. Sellerie, Kartoffel, Äpfel und Frühlingszwiebeln hineingeben und bei mittlerer Hitze unter Rühren 8 Minuten anschwitzen, bis Äpfel und Sellerie weich, aber nicht gebräunt sind. Mit Salz und Pfeffer würzen, mit 1,5 l Wasser bedecken und zum Kochen bringen. Die Temperatur reduzieren, den Topf abdecken und 30–40 Minuten köcheln lassen. Vom Herd nehmen und mit dem Stabmixer glatt pürieren. Bei Bedarf nachwürzen.

4 Den Backofengrill vorheizen. Die Polenta in vier (oder sechs) 5 cm große Stücke schneiden. Ein zweites Backblech mit Backpapier auslegen, die Polentastücke darauflegen, mit Gruyère bestreuen und 3 Minuten goldbraun überbacken. Die Suppe in Schalen geben und die Croutons daraufsetzen. Mit dem Frühlingszwiebelgrün garnieren und sofort servieren.

TOMATENSUPPE NACH THAILÄNDISCHER ART

MIT GEMÜSE & EMMER

Eine pfiffige Variante der guten alten Tomatensuppe, mit Thai-Currypaste gewürzt und mit frischem Gemüse als Einlage. Emmer macht daraus eine herzhafte und sättigende Mahlzeit.

4 PERSONEN • 10 MIN. + 1 STD. 30 MIN. GAREN

- 75g ungekochte Emmerkörner
- 400ml Kokosmilch
- 200ml Gemüsebrühe
- 175g Tomatenmark
- 2 EL rote Thai-Currypaste
- 1 EL Demerarazucker
- 1 EL natives Olivenöl extra
- 2 Lauchstangen, nur weiße und hellgrüne Teile, gehackt
- 1 grüne Paprikaschote, entkernt und gewürfelt
- 1 Zucchini, gewürfelt
- 1 große Fleischtomate, gewürfelt
- Salz und frisch gemahlener schwarzer Pfeffer
- 1 Handvoll Koriandergrün zum Garnieren

1 Den Emmer in einem großen Topf mit Wasser bedecken, abdecken und bei mittlerer Hitze etwa 1 Stunde köcheln lassen, bis das Getreide das Wasser fast vollständig aufgenommen hat. Abgießen und beiseitestellen.

2 Kokosmilch, Brühe, Tomatenmark, Currypaste und Zucker in einen großen Topf geben und gründlich vermengen. Abdecken und unter gelegentlichem Rühren zum Kochen bringen. Dann die Temperatur reduzieren und die Suppe 20 Minuten köcheln lassen.

3 In der Zwischenzeit das Öl in einer großen Pfanne erhitzen und Lauch und Paprika bei mittlerer Hitze 10 Minuten anbraten, bis das Gemüse zu bräunen beginnt. Die Zucchini hinzugeben und weitere 3 Minuten braten. Vom Herd nehmen und beiseitestellen.

4 Die Tomatenwürfel in die Suppe rühren. Die Suppe abschmecken, bei Bedarf nachwürzen und unter Rühren weitere 5 Minuten köcheln lassen. Lauchmischung und Emmer in die Suppe rühren, dann vom Herd nehmen. Die Suppe in Schalen geben, mit Koriandergrün garnieren und heiß servieren. Dazu einen grünen Salat und knusprige Ciabatta reichen.

KICHERERBSEN-DINKEL-SUPPE MIT KNOBLAUCH

Die frischen Kräuter geben dieser einfachen, gesunden Suppe vielschichtige Aromen, Kichererbsen und Dinkel sorgen für Substanz. Mit knusprigem Vollkornbrot wird daraus eine vollwertige Mahlzeit.

4 PERSONEN · 15 MIN. + ÜBER NACHT EINWEICHEN + 1 STD. 20 MIN. GAREN

- 120 g ungekochte Dinkelkörner
- Salz und frisch gemahlener schwarzer Pfeffer
- 2 EL natives Olivenöl extra
- 1 Zwiebel, fein gehackt
- 1 TL fein gehackter Rosmarin
- 1 TL fein gehackter Thymian
- 5 Knoblauchzehen, zerdrückt
- 1–2 Prisen Chiliflocken
- 1 Dose Kichererbsen (400 g), abgetropft
- 8–10 Grünkohlblätter ohne Strünke, fein gehackt
- 2 EL Zitronensaft
- 1,2 l Gemüse- oder Hühnerbrühe
- 1 EL frisch geriebener Parmesan zum Servieren

1 Den Dinkel in einer großen Schüssel mit Wasser bedecken und über Nacht einweichen. Abgießen, unter fließendem kaltem Wasser waschen und in einen Topf geben. Mit 750 ml Wasser bedecken, 1 Prise Salz hineingeben und aufkochen. Die Temperatur reduzieren, abdecken und 50 Minuten köcheln lassen, bis der Dinkel das Wasser fast vollständig aufgenommen hat. Vom Herd nehmen und abgießen. Abgedeckt beiseitestellen.

2 Das Öl in einem großen Topf erhitzen und die Zwiebel bei mittlerer Hitze unter häufigem Rühren 2–3 Minuten glasig anschwitzen. Rosmarin, Thymian, Knoblauch und Chiliflocken hinzugeben. Mit ½ TL Salz und reichlich Pfeffer würzen. Unter Rühren weitere 2 Minuten anrösten.

3 Kichererbsen, Kohl und Zitronensaft in den Topf geben, durchrühren und dünsten, bis der Kohl zusammenfällt. Dann die Brühe hinzugießen und aufkochen. Die Temperatur reduzieren und 15 Minuten köcheln lassen. Dann den Dinkel hinzugeben und unter häufigem Rühren weitere 5 Minuten köcheln lassen. Vom Herd nehmen, mit Parmesan bestreuen und heiß servieren.

ASIATISCHE KOKOSSUPPE MIT HÄHNCHEN & HIRSE

Diese leichte Suppe enthält viele in der asiatischen Küche beliebte Zutaten. Durch das nährstoffreiche Kokosöl, das Herz und Immunsystem schützen soll, bekommt sie einen ganz besonderen Gesundheits-Kick.

2 PERSONEN • 10 MIN. + 40 MIN. GAREN

- 2 EL Kokosöl
- 2 Hähnchenoberschenkel, Fleisch in Würfel geschnitten
- 1 Stück Ingwer (5 cm), geschält und fein gehackt
- 1 Knoblauchzehe, fein gehackt
- ½ rote Chilischote, entkernt und fein gehackt
- 200 ml Kokosmilch
- 500 ml Hühnerbrühe
- 100 g ungekochte Hirse
- 200 g Sojasprossen
- 1 EL Sojasauce
- 2 EL gehacktes Koriandergrün zum Garnieren

1 Das Öl in einem großen Topf erhitzen und das Hähnchenfleisch bei mittlerer bis starker Hitze unter häufigem Rühren 5 Minuten rundum leicht bräunen.

2 Ingwer, Knoblauch und Chili hinzugeben und unter häufigem Rühren 2 Minuten anbraten. Dann Kokosmilch, Brühe und Hirse einrühren. Die Temperatur reduzieren und 15–20 Minuten köcheln lassen.

3 Die Sojasprossen dazugeben und weitere 10 Minuten köcheln lassen, bis die Hirse weich und das Hähnchenfleisch gar ist. Dann die Sojasauce einrühren. Die Suppe auf zwei Schalen verteilen, mit Koriandergrün garnieren und heiß servieren.

WARME & KALTE SALATE

GRAUPEN-LINSEN-SALAT MIT NÜSSEN

Dieser Salat ist alles andere als langweilig! Er kombiniert den nussigen Geschmack der Perlgraupen mit knusprigen Mandeln und Walnüssen, fruchtigen getrockneten Cranberrys und würzigem Ziegenkäse.

4 PERSONEN · 10 MIN. + ÜBER NACHT EINWEICHEN + ABKÜHLEN + 30 MIN. GAREN

- 75 g ungekochte Perlgraupen
- 1 Dose grüne Linsen (400 g), abgetropft
- 25 g Mandeln, grob gehackt
- 25 g Walnusskerne, grob gehackt
- 50 g getrocknete Cranberrys
- 100 g Ziegenweichkäse, zerkrümelt
- 100 g Rucola

1 Die Graupen in einer Schüssel mit Wasser bedecken und 8 Stunden oder über Nacht einweichen. Abgießen, unter fließendem kaltem Wasser waschen und gründlich abtropfen lassen.

2 Die Perlgraupen in einem Topf mit reichlich Wasser bedecken. Aufkochen, dann die Temperatur reduzieren, abdecken und etwa 30 Minuten köcheln lassen, bis die Graupen weich sind. Vom Herd nehmen, abgießen und völlig auskühlen lassen.

3 Die kalten Graupen mit den Linsen in einer großen Schüssel vermengen. Mandeln, Walnüsse und Cranberrys hinzufügen und unterheben. Ziegenkäse und Rucola darüberstreuen und vorsichtig unterheben. Auf vier Teller verteilen und sofort servieren.

ALTERNATIVEN

Verwenden Sie statt der Gerste die gleiche Menge **Weizen,** den Sie nach der Anleitung auf S. 16–17 kochen.

Auch lecker ...

Sie können die Mandeln oder Walnüsse durch die gleiche Menge an **Sonnenblumenkernen** oder **gehackten Paranüssen** ersetzen. Nehmen Sie statt Rucola die gleiche Menge **glatte Petersilie**.

REGENBOGENSALAT MIT WEIZEN & FETA

Herzhafter Weizen, cremiger Feta, dazu Granatapfelkerne mit ihrer frischen Säure – dieser Salat bringt eine Vielfalt an Farben und Aromen auf den Tisch.

2 PERSONEN • 20 MIN. + ÜBER NACHT EINWEICHEN + ABKÜHLEN + 30 MIN. GAREN

- 35 g ungekochte Weizenkörner
- 1 Möhre, geraspelt
- 1 Zucchini, geraspelt
- 50 g Kürbiskerne
- 100 g Feta, zerkrümelt
- 2 EL gehackte glatte Petersilie
- Kerne von 1 kleinen Granatapfel
- Salz und frisch gemahlener schwarzer Pfeffer
- Saft von 1 Zitrone (nach Belieben)

1 Den Weizen in einer Schüssel mit Wasser bedecken und 8 Stunden oder über Nacht einweichen. Abgießen, unter fließendem Wasser abwaschen und gut abtropfen lassen.

2 Den Weizen in einem Topf mit reichlich Wasser bedecken und zum Kochen bringen. Die Temperatur reduzieren, abdecken und 30 Minuten köcheln lassen, bis der Weizen weich ist. Vom Herd nehmen, abgießen und vollständig auskühlen lassen.

3 Den kalten Weizen mit Möhre und Zucchini in eine große Schüssel geben. Mit Kürbiskernen bestreuen und alles vorsichtig mischen. Feta und Petersilie darübergeben und unterheben.

4 Den Salat auf zwei Schalen oder Teller verteilen. Mit Granatapfelkernen bestreuen und mit Salz und Pfeffer abschmecken. Nach Belieben mit Zitronensaft beträufeln und sofort servieren.

ALTERNATIVEN

Statt des Weizens können Sie auch dieselbe Menge der folgenden Getreide verwenden:

Auch lecker …

Verwenden Sie statt der Möhre **eine fein gehackte rote Paprikaschote.** Sie können auch die Zucchini durch **fein geraspelten Rotkohl** ersetzen.

MEDITERRANER THUNFISCHSALAT MIT EMMER

Emmer ist eine leckere Alternative zu Reis. In diesem herrlich leichten Salat wird er mit klassischen südeuropäischen Zutaten, wie Tomaten, Oliven und roten Zwiebeln, kombiniert – eine Erinnerung an warme Sommertage.

4 PERSONEN • 15 MIN. + 30 MIN. GAREN

- 100 g ungekochte Emmerkörner
- 2 × 160 g Thunfisch (aus der Dose, in Wasser oder Lake), abgetropft
- 5 sonnengetrocknete Tomaten in Öl, grob gehackt
- 70 g grüne Oliven, entsteint und halbiert
- 1 kleine rote Zwiebel, gewürfelt
- 1 kleine rote Paprikaschote, entkernt und in mundgerechte Stücke geschnitten
- 1 kleine Zucchini, in mundgerechte Stücke geschnitten
- 100 g gemischter Blattsalat
- 4 EL gehacktes Basilikum zum Garnieren

FÜR DIE VINAIGRETTE

- 3 EL natives Olivenöl extra
- 2 EL Balsamico-Essig
- ½ TL italienische Kräuter
- 1 Knoblauchzehe, zerdrückt
- Salz und frisch gemahlener schwarzer Pfeffer

1 Den Emmer in einem großen Topf mit Wasser bedecken und zum Kochen bringen. Die Temperatur reduzieren und 30 Minuten köcheln lassen, bis er weich ist. Vom Herd nehmen, abgießen und abkühlen lassen.

2 Den Thunfisch mit einer Gabel grob in Stücke zerteilen und in eine große Schüssel geben. Tomaten, Oliven, Zwiebel, rote Paprika und Zucchini hinzugeben und alles gut vermischen. Dann den Emmer hinzufügen und unterheben.

3 Die Zutaten für die Vinaigrette in eine kleine Schüssel geben und verquirlen. Mit Salz und Pfeffer abschmecken. Den Blattsalat auf Teller verteilen, die Thunfisch-Emmer-Mischung darauf anrichten und mit Vinaigrette beträufeln. Leicht vermengen und mit Basilikum garniert sofort servieren.

KAMUT-SALAT MIT HÄHNCHEN & ERDNÜSSEN

Dieser warme Salat ist eine tolle Möglichkeit, Reste vom Hähnchen aufzubrauchen.

2 PERSONEN · 10 MIN. + EINWEICHEN + 45 MIN. GAREN

- 150 g ungekochte Kamutkörner
- 300 g gegarte Hähnchenbrust oder Hähnchenschenkel, klein gezupft
- 4 Frühlingszwiebeln, fein gehackt
- Salz und frisch gemahlener schwarzer Pfeffer
- 20 g gesalzene Erdnüsse
- 2 EL gehacktes Koriandergrün zum Garnieren

FÜR DAS DRESSING

- 2 EL cremige Erdnussbutter
- Saft von 1 Limette

1 Den Kamut in einer großen Schüssel mit Wasser bedecken und 8 bis maximal 24 Stunden einweichen. Abgießen, unter fließendem Wasser waschen und gut abtropfen lassen.

2 Den Kamut in einem großen Topf mit Wasser bedecken und zum Kochen bringen. Die Temperatur reduzieren und 40–45 Minuten köcheln lassen. Vom Herd nehmen, abgießen und warm stellen.

3 Für das Dressing Erdnussbutter und Limettensaft in einer kleinen Schüssel mit 2 EL Wasser zu einem dickflüssigen Dressing verquirlen.

4 Den warmen Kamut in eine große Schüssel geben. Hähnchenfleisch und Frühlingszwiebeln locker unterheben. Das Dressing darüber träufeln, mit Salz und Pfeffer abschmecken und alles vermengen. Mit Erdnüssen bestreuen, mit Koriandergrün garnieren und sofort servieren.

WARMER SALAT MIT SORGHUM & KICHERERBSEN

Scharfe Harissa, herzhafte Hirse und knackige Kichererbsen – der Geschmack Nordafrikas.

4 PERSONEN · 5 MIN. + 1 STD. GAREN

- 200 g ungekochtes Sorghum
- 2 rote Paprikaschoten, entkernt und gewürfelt
- 2 rote Zwiebeln, gewürfelt
- 1 EL Olivenöl
- 2 Dosen Kichererbsen (à 400 g), abgetropft
- 1 EL Harissapaste
- Saft von 1 Zitrone
- Salz und frisch gemahlener schwarzer Pfeffer
- 100 g Rucola
- 4 EL grob gehackte glatte Petersilie zum Garnieren

1 Das Sorghum unter fließendem Wasser waschen, dann in einem großen Topf mit Wasser bedecken und aufkochen. Die Temperatur reduzieren, abdecken und 50–60 Minuten köcheln lassen, bis es weich ist. Vom Herd nehmen, abgießen und in eine große Schüssel geben.

2 In der Zwischenzeit den Backofen auf 200 °C vorheizen. Paprika und Zwiebeln auf einem Backblech verteilen. Mit Olivenöl beträufeln und vermengen. Das Gemüse im Backofen 30–40 Minuten rösten, bis es weich ist. Herausnehmen, zum Sorghum geben und unterheben.

3 Kichererbsen und Harissapaste in die Schüssel geben und alles gut vermengen, damit sich die Würzpaste gleichmäßig verteilt. Den Zitronensaft darüberträufeln und mit Salz und Pfeffer abschmecken. Den Rucola auf vier Teller verteilen und den Sorghum-Salat darauf anrichten. Mit Petersilie garnieren und sofort servieren.

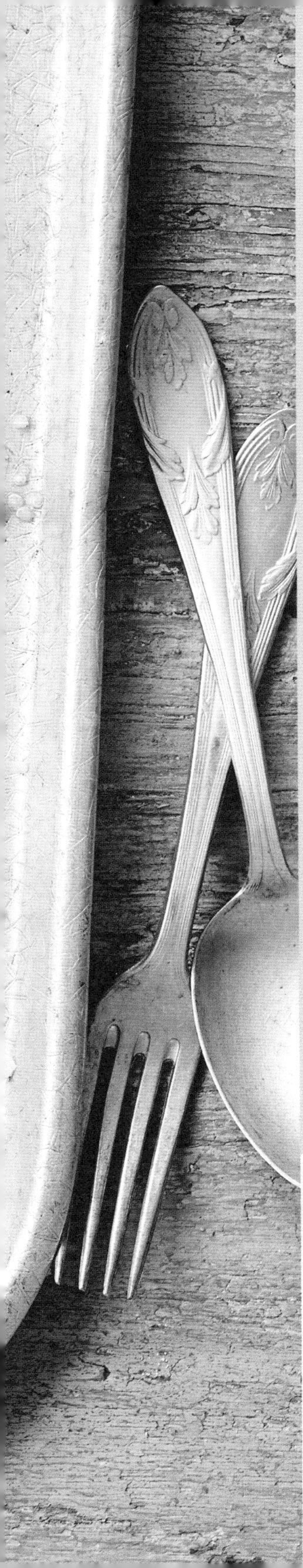

MEXIKANISCHER QUINOA-SALAT

Frische Gemüse, knusprige Tortilla-Chips und scharfe Chilis vereinen sich zu einem wahren Aromen-Feuerwerk. Da kann niemand widerstehen.

2 PERSONEN · 15 MIN. + ABKÜHLEN + 20 MIN. GAREN

- 50 g ungekochte Quinoa
- 1 Dose Kidneybohnen (à 400 g), abgetropft
- 50 g Mais (aus der Dose)
- ½ rote Zwiebel, fein gehackt
- 1 rote Paprikaschote, entkernt und fein gehackt
- 4–6 eingelegte Jalapeño-Chilis, fein gehackt
- 1 Avocado, entsteint und in Würfel geschnitten
- 1 Kopf Romana-Salat
- 50 g ungewürzte Tortilla-Chips, zerkrümelt, plus Chips zum Servieren
- 1 Zitrone oder Limette, halbiert, zum Servieren

1 Die Quinoa unter fließendem Wasser waschen, abtropfen lassen und in einem großen Topf mit 250 ml Wasser bedecken. Zum Kochen bringen.

2 Die Temperatur reduzieren, abdecken und 15–20 Minuten köcheln lassen, bis das Getreide das Wasser fast vollständig aufgenommen hat und weich ist. Vom Herd nehmen, abgießen und zum Abkühlen beiseitestellen.

3 Quinoa, Kidneybohnen, Mais, Zwiebel, Paprika und Jalapeños in eine große Schüssel geben und vermengen. Dann die Avocado hinzugeben und vorsichtig unterheben.

4 Den Romana-Salat in feine Streifen schneiden und in die Schüssel geben. Mit den Tortillakrümeln bestreuen und erneut vorsichtig mischen. Den Salat auf Teller verteilen und sofort servieren. Tortilla-Chips und Zitrone oder Limette zum Beträufeln dazu reichen.

ALTERNATIVEN

Statt der Quinoa können Sie auch **Hirse** verwenden.

Auch lecker ...

Ersetzen Sie die Kidneybohnen durch **abgetropfte schwarze Bohnen** aus der Dose.

TABOULÉ MIT AVOCADO, KORIANDER & LIMETTE

Taboulé ist ein traditionelles libanesisches Gericht, das in der arabischen Küche Teil der Mezze ist, aber auch als leckerer Salat gegessen werden kann. In dieser Version geben Limette und Avocado eine besonders frische Note.

4 PERSONEN • 15 MIN. + EINWEICHEN + KÜHLEN

- 175 g Bulgur
- 2 Tomaten, gewürfelt
- Salz und frisch gemahlener schwarzer Pfeffer
- 1 Avocado, entsteint und gewürfelt
- 1 kleine rote Paprikaschote, entkernt und gewürfelt
- 60 g rote Zwiebel, gewürfelt
- 1 Handvoll Koriandergrün, grob gehackt
- 125 ml Limettensaft
- 2 EL natives Olivenöl extra

1 350 ml Wasser in einem großen Topf zum Kochen bringen. Bulgur und 1½ TL Salz in eine große Schüssel geben und mit dem kochenden Wasser bedecken. 30 Minuten quellen lassen.

2 Überschüssiges Wasser abgießen und den Bulgur in eine große Schüssel geben. Tomaten, Avocado, Paprika, Zwiebeln und Koriandergrün hinzugeben und vorsichtig unterheben. Den Salat in eine Servierschüssel umfüllen.

3 Den Salat mit Limettensaft und Öl beträufeln und erneut mischen. Nach Belieben mit Salz und Pfeffer würzen. Nochmals mischen und das Taboulé vor dem Servieren 20 Minuten in den Kühlschrank stellen.

ZIEGENKÄSE-TOMATEN-TÜRMCHEN MIT GEBRATENEM DINKEL

Hier ist der perfekte gesunde Salat für warme Sommertage, mit schönen Kontrasten in Textur und Geschmack aus der Kombination von geröstetem Dinkel, cremigem Ziegenkäse und erfrischender Wassermelone.

4 STCK. · 20 MIN. + ÜBER NACHT EINWEICHEN + 50 MIN. GAREN

- 150 g ungekochte Dinkelkörner
- Salz und frisch gemahlener schwarzer Pfeffer
- 1 EL Olivenöl
- 2 Fleischtomaten (ca. 550 g), in 8 Scheiben geschnitten
- 225 g Ziegenkäserolle, in dünne Scheiben geschnitten
- 1½ kg Wassermelone, entkernt und in runde Scheiben geschnitten
- 1 Handvoll Basilikumblätter
- natives Olivenöl extra zum Beträufeln

1 Den Dinkel in einer großen Schüssel mit Wasser bedecken und 8 Stunden oder über Nacht einweichen. Restliches Wasser abgießen, unter fließendem Wasser abspülen und gut abtropfen lassen.

2 Den Dinkel in einem großen Topf mit 750 ml Wasser bedecken, 1 Prise Salz dazugeben und aufkochen. Die Temperatur reduzieren, abdecken und 40 Minuten köcheln lassen, bis das Getreide das Wasser fast vollständig aufgenommen hat. Vom Herd nehmen und restliches Wasser abgießen. Das Olivenöl in einer großen Pfanne erhitzen und den Dinkel bei mittlerer Hitze unter häufigem Rühren 10 Minuten rundum goldbraun anbraten. Vom Herd nehmen und abkühlen lassen.

3 Für die Türmchen vier Teller mit je einer Scheibe Tomate belegen, die Tomate mit Salz und Pfeffer würzen. Darauf je eine Scheibe Käse, eine Scheibe Wassermelone und ein Basilikumblatt schichten. Die Schichten wiederholen und dann einige Löffel gebratenen Dinkel darübergeben. Mit nativem Olivenöl extra beträufeln, salzen und pfeffern. Sofort servieren.

MEDITERRANE SALATSCHIFFCHEN

Hier vereinen sich die Aromen des Mittelmeers zu einem farbenfrohen und einfach zuzubereitenden Salat.

4 PERSONEN • 15 MIN.

- 1 große Tomate, entkernt und gewürfelt
- 1 Salatgurke, entkernt
- 1 rote Paprikaschote, entkernt und gewürfelt
- 70 g Kalamata-Oliven, entkernt und halbiert
- 115 g Feta, zerkrümelt
- 200 g gekochte Quinoa (s. S. 22)
- 2 EL natives Olivenöl extra
- 2 EL Zitronensaft
- 1 Knoblauchzehe, zerdrückt
- 1 EL gehackter Oregano
- Salz und frisch gemahlener schwarzer Pfeffer
- 1 Romana-Salatherz, in einzelne Blätter geteilt

1 Tomate, Gurke, Paprika, Oliven, Feta und Quinoa in einer großen Schüssel vorsichtig vermengen. Olivenöl, Zitronensaft, Knoblauch und Oregano in einer kleinen Schüssel verquirlen.

2 Das Dressing über den Salat träufeln und gründlich mischen. Nach Geschmack mit Salz und Pfeffer würzen und den Salat auf Teller verteilen. Die Salatherzenblätter darauf anrichten und alles sofort servieren.

WEIZENSALAT MIT ERDBEEREN & FETA

Süße Erdbeeren und würziger Feta ergeben zusammen mit dem kernigen Weizen einen herrlich erfrischenden Salat.

2 PERSONEN • 10 MIN. + ÜBER NACHT EINWEICHEN + ABKÜHLEN + 30 MIN. GAREN

- 100 g ungekochte Weizenkörner
- 1 EL Balsamico-Essig
- 3 EL natives Olivenöl extra
- Salz und frisch gemahlener schwarzer Pfeffer
- 40 g Babyspinat
- 100 g Erdbeeren, geputzt und in mundgerechte Stücke geschnitten
- 10 g Basilikumblätter, fein gehackt
- 60 g Feta, zerkrümelt

1 Den Weizen in einer großen Schüssel mit Wasser bedecken und 8 Stunden oder über Nacht einweichen. Abgießen, unter fließendem Wasser abspülen und abtropfen lassen.

2 Den Weizen in einem großen Topf mit Wasser bedecken und zum Kochen bringen. Die Temperatur reduzieren, abdecken und 30 Minuten köcheln lassen, bis der Weizen weich, aber noch bissfest ist. Vom Herd nehmen und abgießen. Den Weizen in eine große Schüssel geben und mindestens 10 Minuten abkühlen lassen.

3 In der Zwischenzeit Balsamico-Essig und Olivenöl in einer kleinen Schüssel gründlich verquirlen und nach Geschmack salzen und pfeffern. Spinat, Erdbeeren, Basilikum zum Weizen in die Schüssel geben und gut vermischen. Mit Feta bestreuen und mit Dressing beträufeln. Den Salat erneut mischen und sofort servieren.

WARMER KÜRBIS-WEIZEN-SALAT

Ein tolles Gericht für kühle Herbsttage. Dieser würzige Salat kombiniert gerösteten Kürbis mit kernigem Weizen. Cremiger Blauschimmelkäse steuert eine würzige Note bei.

4 PERSONEN • 15 MIN. + ÜBER NACHT EINWEICHEN + ABKÜHLEN + 1 STD. GAREN

- 300 g ungekochte Weizenkörner
- 2 EL Olivenöl, plus Öl zum Einfetten
- 800 g Butternusskürbis, geschält, entkernt und in Würfel geschnitten
- Salz und frisch gemahlener schwarzer Pfeffer
- 150 g Blauschimmelkäse wie Danablu oder Roquefort
- 125 ml Balsamico-Essig

1 Den Weizen in einer großen Schüssel mit Wasser bedecken und 8 Stunden oder über Nacht einweichen. Abgießen, unter fließendem Wasser abspülen und abtropfen lassen.

2 Den Weizen in einem großen Topf mit 900 ml Wasser bedecken und zum Kochen bringen. Die Temperatur reduzieren, abdecken und bei schwacher bis mittlerer Hitze etwa 50 Minuten köcheln lassen. Vom Herd nehmen, restliches Wasser abgießen und den Weizen leicht abkühlen lassen.

3 In der Zwischenzeit den Backofen auf 200 °C vorheizen. Ein Backblech mit etwas Öl einfetten. Die Kürbiswürfel darauf verteilen und mit Olivenöl beträufeln. Salzen, pfeffern und 20 Minuten im Backofen rösten. Aus dem Ofen nehmen, wenden und weitere 20 Minuten im Backofen rösten.

4 Weizen, Kürbis und Käse in eine große Schüssel geben und vermengen. Mit dem Essig beträufeln und erneut vermischen. Mit Salz und Pfeffer abschmecken und sofort servieren.

GEGRILLTER STÄNGELKOHL MIT GERSTE
& ROMESCO-SAUCE

Dieser warme Salat eignet sich als Hauptgericht ebenso wie als köstliche Beilage. Der Geschmack des Stängelkohls wird durch das Rösten intensiviert und harmoniert gut mit der spanischen Sauce und der Gerste.

6–8 PERSONEN • 10 MIN. + EINWEICHEN + 1 STD. 5 MIN. GAREN

- 200 g ungekochte Gerstenkörner
- Salz und frisch gemahlener schwarzer Pfeffer
- 600 g Stängelkohl
- 2 EL natives Olivenöl extra
- Saft von ½ Zitrone

FÜR DIE SAUCE

- 25 g getrocknete Ancho-Chilis, entkernt
- 50 g gehobelte Mandeln
- 100 g geröstete eingelegte rote Paprikaschoten, abgetropft
- 1 Dose Tomaten (400 g)
- 2 EL Sherryessig
- 2 EL natives Olivenöl extra
- 1 Prise geräuchertes Paprikapulver

1 Die Gerste in einem großen Topf mit 750 ml Wasser bedecken. Eine Prise Salz hineingeben und aufkochen. Die Temperatur reduzieren, abdecken und 50 Minuten köcheln lassen, bis das Getreide das Wasser fast vollständig aufgenommen hat. Vom Herd nehmen und abgedeckt auf die Seite stellen.

2 Für die Sauce die Ancho-Chilis in einer kleinen Schüssel mit Wasser bedecken und 10 Minuten einweichen, dann abgießen. Die Chilischoten würfeln und auf die Seite stellen. Die Mandelblättchen in einer Pfanne bei schwacher bis mittlerer Hitze 3–4 Minuten leicht anrösten. In einen Mixer geben und zu grobem Mandelmehl zerkleinern.

3 Chilis, Paprika, Tomaten, Essig, Öl und geräuchertes Paprikapulver in den Mixer geben, mit ¼ TL Salz und einer guten Portion frisch gemahlenem Pfeffer würzen. Alles zu einer glatten Sauce mit kleinen Stückchen zerkleinern. Die Sauce in eine Schüssel geben.

4 Den Kohl in einer großen Schüssel mit Olivenöl beträufeln, salzen und pfeffern und kurz in dem Öl wenden. Eine Grillpfanne bei mittlerer bis starker Hitze erhitzen und den Kohl 3–5 Minuten rundum rösten, bis er weich ist und zu bräunen beginnt.

5 Vom Herd nehmen und mit Zitronensaft beträufeln. Die Gerste in einer großen Salatschüssel verteilen und den Stängelkohl darauf anrichten. Die gewünschte Menge Romesco-Sauce darüberträufeln und sofort servieren. Die restliche Sauce dazu reichen.

CAPRESE MIT EMMER

Der kernige Emmer bildet eine leckere Ergänzung zu saftigen Tomaten und cremigem Mozzarella. Mit selbst gemachtem Pesto ist dieser Salat eine wunderbare Vorspeise.

4 PERSONEN · 10 MIN. + ABKÜHLEN + 50 MIN. GAREN

- 200 g ungekochte Emmerkörner
- 225 g Mozzarella, gewürfelt
- 3 große Tomaten, in mundgerechte Stücke geschnitten

FÜR DAS PESTO

- 45 g Basilikumblätter, gehackt, plus Basilikumblätter zum Garnieren
- 2 EL Pinienkerne
- 1 Knoblauchzehe
- 2–3 EL natives Olivenöl extra
- Salz

1 Den Emmer unter fließendem Wasser waschen, in einen großen Topf geben und mit 600 ml Wasser bedecken. Aufkochen, dann die Temperatur reduzieren und unter gelegentlichem Rühren 40 Minuten köcheln lassen, bis er weich ist. Vom Herd nehmen, abgießen und abkühlen lassen.

2 Für das Pesto Basilikum, Pinienkerne, Knoblauch und Öl im Mixer glatt pürieren. Mit Salz abschmecken.

3 Mozzarella und Tomaten in einer großen Schüssel mit Pesto und Emmer vermischen. Den Salat bis zum Servieren im Kühlschrank kalt stellen, dann mit ein paar Basilikumblättern garnieren.

ALTERNATIVEN

Sie können den Emmer zur Abwechslung auch durch dieselbe Menge **Perlgraupen** ersetzen.

Auch lecker ...

Eine leckere Alternative zum Mozzarella ist der italienische Frischkäse **Burrata.**

BUNTER HIRSESALAT MIT MAIS & PAPRIKA
AUF GERÖSTETEM LAUCH

Die gerösteten Lauchstangen geben diesem bunten, gesunden Salat eine ganz besondere Note. Der cremige Joghurt bildet einen angenehmen Kontrast zum knackigen Paprika.

6 PERSONEN · 15 MIN. + ABKÜHLEN + 1 STD. GAREN

- 4 EL Olivenöl
- 100 g ungekochte Hirse
- Salz und frisch gemahlener schwarzer Pfeffer
- 1 kleine rote Zwiebel, gewürfelt
- 2 rote Paprikaschoten, entkernt und gewürfelt
- 1 Jalapeño-Chili, gewürfelt
- ½ EL Cayennepfeffer
- 4 Maiskolben, Körner abgelöst
- 2 große Poblano-Chilis, geröstet, geschält, entkernt und in dünne Streifen geschnitten
- ½ TL geräuchertes Paprikapulver
- 3 Frühlingszwiebeln, in dünne Ringe geschnitten
- 115 g Joghurt
- Saft von 1 Limette
- 6 Lauchstangen, Wurzelende und dunkle grüne Spitzen entfernt, geputzt und längs halbiert

1 1 EL Öl in einem großen Topf erhitzen und darin die Hirse bei mittlerer Hitze unter häufigem Rühren 2–3 Minuten anbraten. Dann ¼ TL Salz hinzugeben, die Hirse mit 500 ml Wasser bedecken und zum Kochen bringen. Die Temperatur reduzieren, abdecken und 15 Minuten köcheln lassen. Vom Herd nehmen und weitere 10 Minuten quellen lassen, dann die Körner mit einer Gabel auflockern und abkühlen lassen.

2 In der Zwischenzeit erneut 1 EL Öl in einer Pfanne erhitzen. Zwiebel und Paprika hineingeben, salzen und pfeffern. Bei mittlerer Hitze unter Rühren 5 Minuten anschwitzen, bis die Zwiebeln glasig sind. Jalapeños, Cayennepfeffer, Mais, Poblanos und Paprikapulver einrühren und weitere 5–10 Minuten braten, bis der Mais weich ist.

3 Die Temperatur auf schwache Hitze reduzieren und Frühlingszwiebeln und Joghurt hinzugeben. Unter Rühren 2 Minuten garen. Dann den Limettensaft einrühren, salzen und pfeffern. Die Mischung in einer großen Schüssel gut mit der Hirse vermischen.

4 Den Backofengrill vorheizen. Die Lauchstangen mit dem restlichen Öl einpinseln, salzen und pfeffern. Unter häufigem Wenden 20 Minuten unter dem Grill rösten, bis sie gar sind. Auf eine Servierplatte legen, mit Frischhaltefolie abdecken und 5 Minuten ruhen lassen. Die Lauchstangen auf Teller verteilen, den Hirsesalat darauf anrichten und warm servieren.

CAESAR SALAD MIT POLENTA-CROÛTONS

Caesar Salad kommt nie aus der Mode. Hier wird er mit Polenta-Croûtons neu interpretiert. Sie sind eine knusprige Ergänzung zum saftigen Hähnchen und dem knackigen grünen Salat.

4 PERSONEN · 20 MIN. + 10 MIN. GAREN

- 2 EL Olivenöl
- 225 g vorgekochte Polenta (s. S. 25), in 2,5 cm große Würfel geschnitten
- Salz und frisch gemahlener schwarzer Pfeffer
- 1 großer oder 2 kleine Köpfe Romana-Salat, gewaschen, getrocknet und in mundgerechte Stücke gezupft
- 225 g gekochtes Hähnchenfleisch, in mundgerechte Stücke geschnitten
- 85 g Pecorino, gerieben

FÜR DAS DRESSING

- 100 ml natives Olivenöl extra
- 1 EL Dijon-Senf
- 3 EL Mayonnaise
- 4 Sardellenfilets, gehackt
- ½ TL Worcestersauce
- 1 Knoblauchzehe, zerdrückt
- 2 EL frisch geriebener Parmesan, plus etwas Parmesan zum Servieren
- 1 Prise Zucker

1 Das Öl in einem großen Topf erhitzen und die Polentawürfel hineingeben. Mit ½ TL Salz und ¼ TL Pfeffer würzen und bei mittlerer Hitze 10 Minuten unter häufigem Wenden braten, bis die Würfel rundum leicht gebräunt sind. Vom Herd nehmen und beiseitestellen.

2 Für das Dressing alle Zutaten in den Mixer geben und zu einer dickflüssigen Sauce verquirlen. Alternativ die Zutaten in einen hohen Messbecher geben und mit dem Stabmixer verquirlen. Mit Pfeffer abschmecken, erneut verquirlen und beiseitestellen.

3 Salat, Hähnchenfleisch und Käse in einer großen Schüssel gut vermengen. Nach und nach mit dem Dressing beträufeln und vorsichtig vermischen. Den Salat auf einer Servierplatte anrichten und mit den Polenta-Croûtons und Parmesan bestreut servieren.

GRÜNKOHL-WEIZEN-SALAT MIT KARAMELLISIERTEN ZWIEBELN & STEAKSTREIFEN

Ein toller Salat, in dem karamellisierte Zwiebeln mit Grünkohl und Weizen zu einem knackigen Salat zusammenfinden. Wer mag, kann auch anderes Rindfleisch verwenden, zum Beispiel Hüftsteak oder Filet.

4 PERSONEN • 10 MIN + ÜBER NACHT EINWEICHEN + RUHEN + 1 STD. 20 MIN. GAREN

- 300 g ungekochte Weizenkörner, über Nacht eingeweicht
- 450 g Sirloin-Steak
- Salz und frisch gemahlener schwarzer Pfeffer
- 2 EL Olivenöl
- 2 Zwiebeln, halbiert und in dünne Streifen geschnitten
- 100 g Grünkohl, grob gehackt
- 60 ml Balsamico-Essig

1 Den Weizen in einem großen Topf mit 900 ml Wasser bedecken und zum Kochen bringen. Die Temperatur reduzieren und den Topf abdecken. Etwa 50 Minuten köcheln lassen, bis das Wasser fast vollständig aufgenommen ist. Vom Herd nehmen, abgießen und den Weizen in eine große Schüssel geben. Beiseitestellen.

2 Den Backofengrill vorheizen und das Steak von beiden Seiten salzen und pfeffern. Auf mittlerer Schiene von jeder Seite 6–8 Minuten nach Wunsch grillen. Herausnehmen und etwa 10 Minuten ruhen lassen. Dann das Fleisch in dünne Streifen schneiden und beiseitestellen.

3 In der Zwischenzeit das Öl in einer großen Pfanne erhitzen, die Zwiebeln hineingeben, salzen, pfeffern und bei mittlerer Hitze unter häufigem Rühren 10–15 Minuten goldbraun karamellisieren. Grünkohl und Essig hinzugeben, abdecken und 5 Minuten garen, bis der Kohl leicht zusammenfällt. Vom Herd nehmen.

4 Kohl und Zwiebeln unter den Weizen heben und gut vermengen. Den Salat auf vier Teller verteilen und die Steakstreifen darauf anrichten. Sofort servieren.

GRÜNKERN-KOHL-SALAT MIT ZUCCHINI & MAIS

MIT KNOBLAUCH-TAHIN

Bunte Salate sind eine gute Möglichkeit, übrig gebliebenes Gemüse kreativ und lecker zu verbrauchen. Dieser Salat schmeckt am besten im Winter, wenn Grünkohl gerade Saison hat.

4–6 PERSONEN · 20 MIN. + ABKÜHLEN + 30 MIN. GAREN

- 175 g ungekochter Grünkern
- 600 ml Gemüsebrühe
- 2 Maiskolben
- 1 EL Olivenöl
- 75 g Mandeln, grob gehackt
- 30 g Sesamsamen
- 10–12 Grünkohlblätter, harte Strünke entfernt, grob gehackt
- 1 Dose Kichererbsen (400 g)
- 4–6 Frühlingszwiebeln, gehackt
- 1 grüne Zucchini, gewürfelt
- 1 gelbe Zucchini, gewürfelt

FÜR DAS DRESSING

- 3 EL Tahin (Sesammus)
- 1 Knoblauchzehe, zerdrückt
- 2 EL Zitronensaft
- 1 TL salzarme Sojasauce
- 1 TL geröstetes Sesamöl
- Salz und frisch gemahlener schwarzer Pfeffer

1 Den Grünkern unter fließendem Wasser waschen, gründlich abtropfen lassen und in einen großen Topf geben. Mit der Brühe bedecken und zum Kochen bringen. Die Temperatur reduzieren, abdecken und 20 Minuten köcheln lassen. Vom Herd nehmen und abgedeckt weitere 5 Minuten quellen lassen. Dann aufgedeckt auskühlen lassen.

2 Einen großen Topf mit Wasser zum Kochen bringen, den Mais hineingeben und 10 Minuten gar kochen. Aus dem Wasser heben und unter kaltem Wasser abschrecken. Die Körner mit einem kleinen Messer vom Kolben abschneiden.

3 Für das Dressing Tahin, Knoblauch, Zitronensaft, Sojasauce und Sesamöl in eine kleine Schüssel geben. 2 EL Wasser hinzugeben und gründlich verquirlen. Mit Salz und Pfeffer abschmecken und beiseitestellen.

4 Das Öl in einer Pfanne erhitzen. Mandeln und Sesamsamen hineingeben und bei schwacher Hitze 2–3 Minuten leicht bräunen. Vom Herd nehmen und abkühlen lassen.

5 Den Kohl in einer großen Schüssel mit etwas Dressing beträufeln und gut darin wenden. Mais, Mandeln, Sesamsamen, Kichererbsen, Frühlingszwiebeln und Zucchini hinzugeben, etwas mehr Dressing darüberträufeln und alles vermengen. Den Grünkern und das restliche Dressing unterheben. Den Salat sofort servieren.

QUINOA-FENCHEL-SALAT

In diesem Salat werden die pfeffrigen und anisartigen Noten des Fenchels mit Frühlingszwiebeln und Koriander kombiniert. Die kernige Quinoa ist ein herzhafter Kontrast und die Granatapfelkerne steuern frische Säure bei.

4 PERSONEN · 10 MIN. + RUHEN + 15 MIN. GAREN

- 175 g ungekochte Quinoa
- 350 ml Gemüsebrühe
- 1 TL gemahlener Kreuzkümmel
- 1 Fenchelknolle
- 3 EL Olivenöl
- 1 EL Zitronensaft
- Salz und frisch gemahlener schwarzer Pfeffer
- 4 Frühlingszwiebeln, geputzt und in dünne Ringe geschnitten
- 3 EL gehacktes Koriandergrün
- 2 EL gehackte Minzeblätter
- 100 g Granatapfelkerne

1 Die Quinoa unter kaltem Wasser waschen, abtropfen lassen und in einem großen Topf mit der Brühe bedecken. Mit Kreuzkümmel würzen und unter häufigem Rühren zum Kochen bringen. Abdecken und bei mittlerer Hitze 10 Minuten garen. Vom Herd nehmen und abgießen. Die Quinoa wieder in den Topf geben und 10 Minuten abgedeckt quellen lassen.

2 Den Fenchel putzen, das äußere, harte Blatt entfernen, das Fenchelgrün aufbewahren. Die Knolle längs halbieren. Die Hälften mit der Schnittfläche nach unten auf das Schneidebrett legen und dann in dünne Scheiben schneiden.

3 2 EL Öl in einer großen Pfanne erhitzen und die Fenchelscheiben darin bei mittlerer Hitze unter einmaligem Wenden 5 Minuten goldbraun rösten. Vom Herd nehmen und in eine Schüssel geben. Salzen und pfeffern und mit Zitronensaft und dem restlichen Öl vermischen.

4 Frühlingszwiebeln, Koriandergrün, Minze und Fenchelgrün in die Schüssel geben, dann die Quinoa und die Hälfte der Granatapfelkerne hinzugeben. Alles gründlich vermengen und mit Salz und Pfeffer abschmecken. Den Salat auf vier Teller verteilen und mit den restlichen Granatapfelkernen bestreut kalt oder zimmerwarm servieren.

WARMER GRÜNKERNSALAT

Dieser farbenfrohe Salat kombiniert gerösteten Kürbis und süße Datteln zu einem aromatischen, wärmenden Gericht, das für kalte Herbst- und Wintertage wie gemacht ist.

4 PERSONEN · 15 MIN. + 40 MIN. GAREN

- 2 TL gemahlener Zimt
- 1 TL geriebener Ingwer
- 1 TL gemahlener Kreuzkümmel
- 2 EL Olivenöl
- 1 Butternusskürbis, geschält, entkernt und in 2 cm große Würfel geschnitten
- 200 g Grünkernschrot
- 1 kleiner Kopf Radicchio, grob gehackt
- 8 getrocknete Datteln ohne Kern (ca. 40 g), grob gehackt
- 4 EL grob gehackte glatte Petersilie

FÜR DAS DRESSING

- 4 EL natives Olivenöl extra
- Saft von 1 Zitrone
- 1 EL Honig
- Salz und frisch gemahlener schwarzer Pfeffer

1 Den Backofen auf 200 °C vorheizen. Zimt, Ingwer, Kreuzkümmel und Öl in einer kleinen Schüssel verrühren. Den Kürbis auf einem Backblech verteilen, mit dem Würzöl beträufeln und sorgfältig darin wenden. 30–35 Minuten im Backofen rösten, bis der Kürbis weich ist.

2 In der Zwischenzeit den Grünkern unter fließendem Wasser waschen und dann in einem großen Topf mit 1 l Wasser bedecken. Zum Kochen bringen, die Temperatur reduzieren und 15 Minuten köcheln lassen, bis das Getreide das Wasser fast vollständig aufgenommen hat. Vom Herd nehmen, abgießen und kurz abkühlen lassen.

3 Für das Dressing alle Zutaten in eine Schüssel geben, salzen, pfeffern und gründlich verquirlen. Radicchio und Datteln in eine große Schüssel geben und mit dem gerösteten Kürbis und dem Grünkern vermengen. Das Dressing darübergeben, salzen, pfeffern und erneut mischen. Mit Petersilie garniert warm servieren.

ALTERNATIVEN

Statt mit Grünkern können Sie den Salat auch mit derselben Menge der folgenden Getreide zubereiten (Garzeiten s. S. 16–17):

Auch lecker ...

Sie können den Kürbis auch durch 2 große **Süßkartoffen** ersetzen. Statt des Radicchio können Sie **Chicoree** oder **Rucola** verwenden.

BUNTE PFANNEN

SCHWEINEFLEISCH CHINESISCHE ART
MIT HIRSE

In diesem leckeren Pfannengericht vereint sich zartes Schweinefleisch mit frischem Gemüse und Hirse zu einer herzhaften Mahlzeit.

4 PERSONEN • 10 MIN. + MARINIEREN + 40 MIN. GAREN

- 4 EL Honig
- 6 EL Sojasauce
- 2 EL chinesisches 5-Gewürze-Pulver
- 450 g Schweinehüftsteak, in mundgerechte Stücke geschnitten
- 200 g ungekochte Hirse
- 2 EL Olivenöl
- 300 g Frühkohl, harte Strünke entfernt, in dünne Streifen geschnitten
- 200 g Pak Choi, Wurzelende abgeschnitten, in dünne Streifen geschnitten

1 Honig, Sojasauce und 5-Gewürze-Pulver in einer Schüssel verrühren. Das Schweinefleisch darin wenden. Mit einem Küchentuch abdecken und 2–24 Stunden im Kühlschrank marinieren.

2 Die Hirse mit 125 ml Wasser in einem großen Topf zum Kochen bringen. Die Temperatur reduzieren und 15 Minuten köcheln lassen, bis die Hirse das Wasser fast vollständig aufgenommen hat und gar ist. Vom Herd nehmen und auf die Seite stellen.

3 Das Öl in einem großen Topf erhitzen. Fleisch und Marinade portionsweise hineingeben und bei mittlerer bis starker Hitze unter gelegentlichem Rühren 10 Minuten braten, bis es gar ist. Dabei den Topf nicht zu voll machen. Vom Herd nehmen und das Fleisch mit dem Schaumlöffel herausheben.

4 Die Temperatur auf starke Hitze erhöhen, 65 ml Wasser hineingeben, mit dem Löffel den Bratensatz vom Boden lösen und aufkochen. Frühkohl und Pak Choi dazugeben und 3–4 Minuten andünsten, bis das Gemüse weich ist. Das Fleisch wieder in den Topf geben und die Hirse unterheben. Vom Herd nehmen und heiß servieren.

ALTERNATIVEN

Sie können die Hirse auch durch die folgenden Getreide ersetzen. Verwenden Sie dieselbe Menge Quinoa und kochen Sie sie nach Rezeptangabe. Bei Kamut nehmen Sie 150 g und beachten die Hinweise auf S. 16.

Auch lecker ...

Ersetzen Sie den Frühkohl durch **Brokkoli** oder **Grünkohl**.

THAI-PFANNE MIT WEIZEN & ERDNUSS-SAUCE

Erdnussbutter ergänzt sich mit Sojabohnen und Weizen zu einem leichten, aber sättigenden Gericht.

2 PERSONEN · 10 MIN. + ÜBER NACHT EINWEICHEN + 1 STD. GAREN

- 100 g ungekochte Weizenkörner
- 2 EL cremige Erdnussbutter
- 2 EL Honig
- 1 EL Sojasauce
- ¼ TL Chiliflocken
- Saft von 1 Limette
- 1 EL Pflanzenöl
- 75 g Bohnensprossen
- 50 g Weißkohl, geraspelt
- 1 Möhre, in Stifte geschnitten
- 100 g Sojabohnen
- Salz und frisch gemahlener schwarzer Pfeffer
- 2 EL grob gehacktes Koriandergrün

1 Den Weizen in einer Schüssel mit Wasser bedecken und 8–24 Stunden einweichen. Abgießen, unter fließendem Wasser abspülen und abtropfen lassen. In einem Topf mit Wasser bedecken und zum Kochen bringen. Die Temperatur reduzieren, abdecken und 40–45 Minuten köcheln lassen, bis der Weizen weich ist. Vom Herd nehmen und abgießen.

2 Erdnussbutter, Honig, Sojasauce und Chiliflocken in einer Schüssel mit dem Limettensaft zu einer glatten Sauce verrühren. Das Öl in einer Pfanne stark erhitzen. Sprossen, Kohl und Möhre 3–5 Minuten anbraten. Dann Sojabohnen und Weizen unterheben und weitere 2 Minuten braten. Mit der Sauce beträufeln und vermischen. Mit Salz und Pfeffer abschmecken, vom Herd nehmen und mit Koriandergrün bestreut heiß servieren.

RINDFLEISCH-DINKEL-PFANNE MIT FRÜHKOHL

Der Frühkohl ist eine leckere Abwechslung zu Pak Choi in dieser klassischen Kombination aus Ingwer und Rind.

2 PERSONEN · 15 MIN. + ÜBER NACHT EINWEICHEN + 45 MIN. GAREN

- 100 g ungekochte Dinkelkörner, über Nacht eingeweicht
- 2 EL Olivenöl
- 1 Stück Ingwer (5 cm), geschält und gerieben
- 3 Knoblauchzehen, zerdrückt
- 300 g Rinderbug, in Streifen geschnitten
- 1 EL Honig
- 1 EL Sojasauce, plus Sojasauce nach Bedarf
- 100 g Frühkohl, geraspelt

1 Den Dinkel unter fließendem Wasser waschen und abtropfen lassen. In einem Topf mit Wasser bedecken und zum Kochen bringen. Die Temperatur reduzieren, abdecken und 40 Minuten köcheln lassen.

2 Das Öl in einer großen Pfanne erhitzen und Ingwer und Knoblauch bei mittlerer Hitze 5 Minuten anbraten. Die Temperatur auf mittlere bis starke Hitze erhöhen und das Fleisch 3 Minuten anbraten. Honig und Sojasauce einrühren, die Temperatur auf starke Hitze erhöhen und unter häufigem Rühren 2 Minuten garen, um die Flüssigkeit zu einer dickflüssigen Sauce zu reduzieren.

3 Die Temperatur auf mittlere Hitze herunterschalten. Zuerst den Kohl, dann den Dinkel unterheben. Unter Rühren 3–4 Minuten garen, bis das Gemüse leicht zusammenfällt. Abschmecken und nach Geschmack mit Sojasauce nachwürzen. Vom Herd nehmen und heiß servieren.

BUNTE BUCHWEIZENPFANNE
MIT INGWER-MISO

Diese köstliche, bunte Pfanne aus verschiedenen Gemüsen und kernigem Buchweizen eignet sich sowohl als Vorspeise als auch als Hauptgericht. Japanische Auberginen sind süßer als hiesige – wer Glück hat, findet sie im Asialaden.

4 PERSONEN • 15 MIN. + 15 MIN. GAREN

- Meersalz
- 175 g ungekochte Buchweizenkörner
- 3 EL Traubenkernöl
- 2 getrocknete rote Chilischoten
- 1 Knoblauchzehe, in dünne Scheiben geschnitten
- 1 TL geriebener Ingwer
- geröstetes Sesamöl zum Beträufeln (nach Belieben)
- 4 japanische Auberginen, gewürfelt
- 2 Zucchini, gewürfelt
- 4 Grünkohlblätter, dicke Strünke entfernt, grob gehackt
- 1 Handvoll Basilikumblätter, grob gehackt
- Sesamsamen zum Garnieren

FÜR DAS INGWER-MISO

- 2 EL weißes Miso
- 1½ TL brauner Reisessig
- 1 TL geriebener Ingwer

1 500 ml Wasser mit 1 Prise Salz in einem großen Topf zum Kochen bringen und den Buchweizen langsam einrühren. Die Temperatur reduzieren, abdecken und 15 Minuten köcheln lassen. Vom Herd nehmen und abgedeckt weiter quellen lassen.

2 In der Zwischenzeit das Traubenkernöl in einer großen Pfanne erhitzen und die Chilischoten bei mittlerer Hitze unter Rühren 2 Minuten anrösten, bis sie duften. Knoblauch, Ingwer und Sesamöl (nach Belieben) hinzugeben und unter häufigem Rühren 2 Minuten anrösten. Auberginen und Zucchini hinzugeben und unter häufigem Rühren 8–10 Minuten braten, bis das Gemüse gar ist.

3 In der Zwischenzeit die Zutaten für das Miso in einer kleinen Schüssel mit 1 TL Wasser verquirlen. Die Sauce über das Gemüse geben und gut vermengen. Den Kohl hinzugeben und weitere 2–3 Minuten garen, bis er gerade zusammenfällt. Vom Herd nehmen und mit Basilikum und Sesamsamen bestreuen. Das Gemüse auf dem Buchweizen anrichten und servieren.

SÜSS MARINIERTER LACHS AUF QUINOA-KOHLGEMÜSE

Zartes Lachsfilet, in Honig und Orangensaft mariniert, ist der ideale Partner für herzhaften Kohl und nussige Quinoa. Alles zusammen ergibt ein wunderbar aromatisches und sättigendes Abendessen.

2 PERSONEN · 10 MIN. + ABKÜHLEN + MARINIEREN + 40 MIN. GAREN

- 2 Lachsfilets (à 150 g)
- 100 g ungekochte Quinoa
- 1 EL Olivenöl
- 1 Pak Choi, Wurzelenden entfernt, Blätter in schmale Streifen geschnitten
- 200 g Bohnensprossen

FÜR DIE MARINADE

- 200 ml Orangensaft
- 4 EL Honig
- ½ TL getrocknete Chiliflocken
- 1 TL Sojasauce

1 Für die Marinade alle Zutaten bei mittlerer Hitze in einem großen Topf zum Kochen bringen. Die Temperatur reduzieren und 8–10 Minuten köcheln lassen, um die Flüssigkeit zu reduzieren. Vom Herd nehmen und abkühlen lassen.

2 Den Lachs mit der Marinade in einen Gefrierbeutel geben und fest verschließen. Mindestens 2 Stunden oder über Nacht im Kühlschrank marinieren.

3 Den Backofen auf 200 °C vorheizen. Den Lachs auf ein Stück Alufolie legen. Die Ränder hochbiegen, dann die Marinade über den Lachs geben. Die Alufolie zu einem Paket verschließen und auf ein Backblech legen. 20 Minuten im Backofen garen, bis der Lachs gar ist.

4 In der Zwischenzeit die Quinoa unter fließendem Wasser waschen und in einen großen Topf geben. Mit 250 ml Wasser bedecken und bei mittlerer Hitze zum Kochen bringen. 15 Minuten köcheln lassen, bis sie das Wasser fast vollständig aufgenommen hat.

5 Das Öl in einer großen Pfanne erhitzen. Pak Choi und Bohnensprossen darin bei starker Hitze 3–4 Minuten anbraten. Die Quinoa hinzugeben, unter das Gemüse heben und die Pfanne vom Herd nehmen. Das Quinoa-Kohlgemüse auf zwei Teller verteilen, den Lachs darauf anrichten und mit dem Fischsud aus der Folie beträufeln. Heiß servieren.

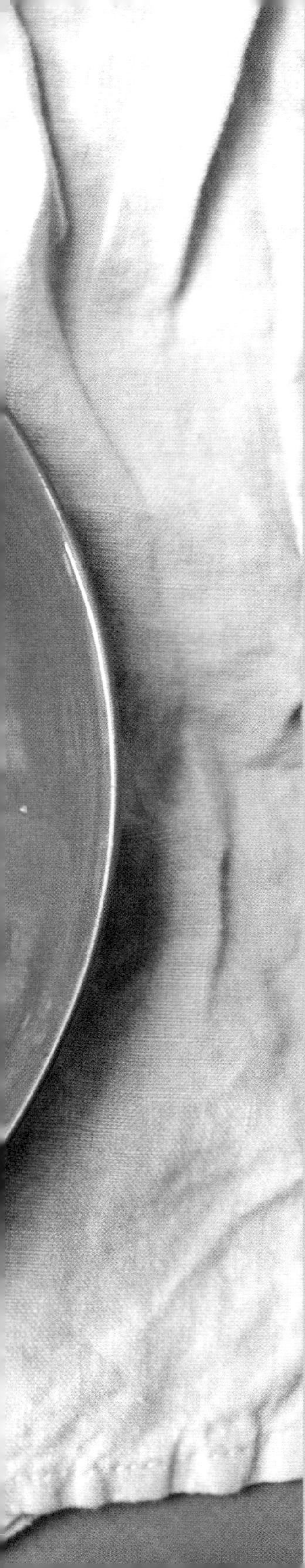

GEBRATENES SCHWEINE-FLEISCH MIT LAUCH, APRIKOSEN & GRÜNKERN

Die süßen Aprikosen sind eine harmonische Ergänzung zu den kräftigen Aromen des Grünkerns und der Tamari-Sauce. Die ungewöhnliche Kombination ergibt zusammen mit dem Schweinefleisch ein vollwertiges Gericht.

4 PERSONEN · 15 MIN. + MARINIEREN + 1 STD. 10 MIN. GAREN

- 600 g Schweineschulter, in lange, dünne Streifen geschnitten
- 200 g ungekochter Grünkern
- 3 EL Rapsöl
- 1 Lauchstange (ca. 150 g), in 5 mm dünne Ringe geschnitten
- 2 Aprikosen (ca. 140 g), entsteint und in dünne Scheiben geschnitten
- 1 Knoblauchzehe, in dünne Scheiben geschnitten

FÜR DIE MARINADE

- 4 EL Tamari-Sauce oder Sojasauce
- 4 EL geröstetes Sesamöl
- 2 Knoblauchzehen, zerdrückt
- ½ TL Zucker

1 Für die Marinade alle Zutaten in einer großen Schüssel verrühren. Das Fleisch hineingeben, wenden und mindestens 20–30 Minuten im Kühlschrank marinieren.

2 In der Zwischenzeit den Grünkern in einem großen Topf mit 1 l Wasser bedecken und zum Kochen bringen. Die Temperatur reduzieren, abdecken und 45 Minuten köcheln lassen, bis das Getreide gar ist, aber noch Biss hat. Vom Herd nehmen, abgießen und abgedeckt ruhen lassen.

3 2 EL Öl in einer großen Pfanne erhitzen und den Lauch bei mittlerer Hitze unter häufigem Rühren 5 Minuten andünsten, bis er weich ist. Mit dem Schaumlöffel auf einen Teller heben und beiseitestellen. Die Aprikosen in die Pfanne geben und 2 Minuten andünsten, bis sie weich werden, aber nicht bräunen. Vom Herd nehmen und mit dem Lauch beiseitestellen.

4 Das restliche Öl in die Pfanne geben und den Knoblauch 1–2 Minuten anbraten. Schweinefleisch und Marinade hinzugeben und unter häufigem Rühren 5 Minuten braten, bis das Fleisch zu bräunen beginnt. Lauch und Aprikosen wieder hinzugeben und unter häufigem Rühren weitere 5 Minuten braten, bis das Fleisch rundum leicht gebräunt und gar ist. Vom Herd nehmen und sofort mit dem Grünkern servieren.

HiRSE-CASHEW-PFANNE
MiT CHiLi-LiMETTEN-SAUCE

Ein herrlich einfaches, leichtes Gericht voll toller Geschmacksnoten. Die Limette wirkt als frisches Gegengewicht zu den süßen Cashewkernen und dem knackigen Gemüse.

2 PERSONEN · 20 MiN. + 20 MiN. GAREN

- 100 g ungekochte Hirse
- 50 g Cashewkerne
- 2 EL Olivenöl
- 115 g Möhren, grob gehackt
- 115 g Weißkohl, grob gehackt
- 100 g Bohnensprossen
- 85 g rote Zwiebeln, in dünne Streifen geschnitten

FÜR DIE SAUCE

- Saft von 1 Limette und abgeriebene Schale von ½ Bio-Limette
- 2 EL Sojasauce
- 2 EL Honig
- 1 rote Chilischote, entkernt und fein gehackt

1 Die Hirse in einem großen Topf mit 125 ml Wasser bedecken, aufkochen und 10 Minuten köcheln lassen, bis sie das Wasser fast vollständig aufgenommen hat. Vom Herd nehmen und beiseitestellen.

2 Einen großen Wok oder eine Pfanne erhitzen und die Cashewkerne bei starker Hitze rundum zart braun rösten. Herausnehmen und grob hacken. Das Öl in die Pfanne geben und Möhren, Weißkohl, Bohnensprossen und Zwiebeln unter häufigem Rühren 5 Minuten leicht andünsten.

3 In der Zwischenzeit alle Zutaten für die Sauce in einer Schüssel verrühren. Die Hirse zum Gemüse geben und vermengen. Die Chili-Limettensauce darübergießen, unterheben und weitere 1–2 Minuten braten. Vom Herd nehmen und heiß servieren.

ALTERNATiVEN

Ersetzen Sie die Hirse zur Abwechslung einmal durch dieselbe Menge Quinoa. Oder verwenden Sie 120 g Bulgur und kochen ihn in 600 ml Wasser.

Quinoa

Bulgur

GEFÜLLTE POBLANO-PAPRIKA MIT PIKANTEM SORGHUM-GEMÜSE

Die milde Schärfe der grünen Poblano-Paprika ergänzt sich gut mit der würzigen Sorghum-Pfanne. Ein einfach zu kochendes Gericht, das auf dem Teller viel hermacht.

6 PERSONEN · 10 MIN. + ABKÜHLEN + 1 STD. 20 MIN. GAREN

- 100 g ungekochtes Sorghum
- 500 ml Gemüsebrühe
- 6 große Poblano-Paprika
- 2 EL Sonnenblumenöl
- Salz und frisch gemahlener schwarzer Pfeffer
- 1 kleine rote Zwiebel, grob gehackt
- 3 Knoblauchzehen, zerdrückt
- 1 TL Chilipulver
- 1 TL getrockneter Oregano
- ½ TL gemahlener Kreuzkümmel
- ¼ TL Cayennepfeffer
- 1 Dose schwarze Bohnen (400 g), abgetropft und gewaschen
- 150 g Eiertomaten, entkernt und gewürfelt
- 150 g Maiskörner (aus der Dose)
- 1 EL frisch geriebener Cheddar zum Servieren

1 Sorghum und Brühe in einem kleinen Topf zum Kochen bringen. Die Temperatur reduzieren, abdecken und 45 Minuten köcheln lassen. Vom Herd nehmen und abgedeckt weitere 10 Minuten quellen lassen. Das Sorghum abgießen und beiseitestellen.

2 In der Zwischenzeit den Backofen auf 230 °C vorheizen. Die Paprika auf ein mit Backpapier ausgelegtes Backblech legen, mit der Hälfte des Öls bepinseln, salzen und pfeffern. Im Backofen 15–20 Minuten rösten, bis sie bräunen und weich sind. Aus dem Ofen nehmen und etwas abkühlen lassen. Sobald sie kühl genug sind, die Paprika längs halbieren und entkernen.

3 Das restliche Öl in einer großen gusseisernen Pfanne erhitzen und die Zwiebel bei mittlerer Hitze 5–8 Minuten glasig anschwitzen. Knoblauch, Chilipulver, Oregano, Kreuzkümmel und Cayennepfeffer hinzugeben und unter häufigem Rühren 2–3 Minuten anrösten.

4 Sorghum, Bohnen und Tomaten in die Pfanne geben und gründlich vermengen. Unter gelegentlichem Rühren 5 Minuten garen, dann den Mais einrühren und weitere 2–3 Minuten garen. Mit Salz und Pfeffer abschmecken. Die Getreide-Gemüsemischung in die Paprika füllen und auf die Teller geben. Mit Cheddar bestreuen und sofort servieren.

HÄHNCHEN SÜSSSAUER AUF KAMUT

Diese Variante des beliebten chinesischen Gerichts kombiniert den Klassiker mit dem nussigen Aroma und der kernigen Textur des Kamut.

2–3 PERSONEN · 15 MIN. + ÜBER NACHT EINWEICHEN + 55 MIN. GAREN

- 100 g ungekochte Kamutkörner
- 2 EL Speisestärke
- 425 g Ananasstücke (aus der Dose), Saft aufbewahrt
- 2 EL Reisweinessig
- 3 EL Honig
- 2 EL Tomatenmark
- 2 EL Sojasauce, plus Sojasauce nach Bedarf
- 1 EL Sonnenblumenöl
- 2 Hähnchenbrustfilets, in mundgerechte Stücke geschnitten
- 1 kleine Zwiebel, grob gehackt
- 1 rote Paprikaschote, entkernt und in Stücke geschnitten
- 75 g Babymaiskolben, geviertelt
- Salz und frisch gemahlener schwarzer Pfeffer

1 Den Kamut in einer Schüssel mit Wasser bedecken und 8–24 Stunden einweichen. Abgießen, unter fließendem Wasser abspülen und abtropfen lassen.

2 Den Kamut in einem großen Topf mit Wasser bedecken und zum Kochen bringen. Die Temperatur reduzieren und 40–45 Minuten köcheln lassen, bis er weich ist. Abgießen und beiseitestellen.

3 In der Zwischenzeit die Stärke in einer kleinen Schüssel mit 3 EL Ananassaft verquirlen. Essig, Honig, Tomatenmark, Sojasauce und den restlichen Ananassaft hinzugeben und alles gut verquirlen.

4 Das Öl in einer großen Pfanne erhitzen. Das Hähnchenfleisch bei mittlerer bis starker Hitze unter häufigem Rühren 3 Minuten rundum leicht bräunen. Zwiebel, Paprika und Mais hinzugeben und unter häufigem Rühren 3 Minuten braten, bis die Zwiebeln glasig sind.

5 Die Stärkemischung einrühren und aufkochen lassen. Die Temperatur reduzieren und 2–3 Minuten köcheln lassen, bis die Sauce andickt und das Hähnchen gar ist. Mit Salz, Pfeffer und Sojasauce abschmecken. Hähnchen und Gemüse auf dem Kamut anrichten und servieren.

ALTERNATIVEN

Dieses Gericht schmeckt mit verschiedenen Getreidesorten. Ersetzen Sie den Kamut beispielsweise durch dieselbe Menge folgender Getreide (Hinweise zur Garzeit s. S. 16–17):

Auch lecker ...

Statt des Hähnchens können Sie dieselbe Menge **Enten- oder Putenbrust** oder auch **225 g Schweinefilet** verwenden.

PANiERTER TOFU
AUF BOHNENGEMÜSE & SCHWARZEM REiS

Ein wunderbares vegetarisches Gericht: Auf einer würzigen Bohnen-Reis-Pfanne liegt zarter Tofu, umhüllt von einer knusprigen Panade aus Amarantmehl und Sesamsamen.

4 PERSONEN · 15 MiN. + 50 MiN. GAREN

- 300 g schwarzer Reis
- 400 g fester Tofu, abgetropft
- 4 EL Amarantmehl
- 3 EL Sesamsamen, plus Sesamsamen zum Servieren
- 1 Ei, leicht verquirlt
- Salz und frisch gemahlener schwarzer Pfeffer
- 2–3 EL Traubenkernöl
- 2 EL Sesamöl, plus Öl zum Servieren
- 1 Zwiebel, in dünne Streifen geschnitten
- 1 TL geriebener Ingwer
- 3 milde rote Chilischoten, entkernt und in 1 cm große Stücke geschnitten
- 3 Knoblauchzehen, zerdrückt
- 200 g grüne Bohnen, blanchiert
- 1 EL Tamari-Sauce, plus Tamari-Sauce zum Servieren
- 2 Frühlingszwiebeln, in 2,5 cm lange Stücke geschnitten

1 Den Reis in einem großen Topf nach Packungsangabe kochen. Abgedeckt beiseitestellen. Den Tofu mit Küchenpapier trocken tupfen und in 16 Dreiecke mit 2,5 cm Dicke schneiden. Beiseitestellen.

2 Amarantmehl und Sesamsamen in einer flachen Schale vermengen. Das Ei in eine kleine Schale geben. Den Tofu salzen, pfeffern und leicht mit Ei bepinseln. In der Amarant-Panade wenden, bis er rundum paniert ist.

3 Das Traubenkernöl in einer Pfanne erhitzen. Den Tofu bei schwacher Hitze 3–4 Minuten von jeder Seite goldbraun braten. Vorsichtig wenden, damit er nicht zerbricht. Mit dem Schaumlöffel herausheben, auf einen Teller mit Küchenpapier legen und warm stellen. Überschüssiges Öl aus der Pfanne abgießen.

4 Das Sesamöl in die Pfanne geben und erhitzen. Zwiebel, Ingwer und Chilis bei mittlerer Hitze unter häufigem Rühren 5 Minuten anschwitzen. Den Knoblauch hinzugeben und 1 weitere Minute anbraten. Die Bohnen hinzugeben und unter Rühren 3–4 Minuten garen.

5 Tamari-Sauce und Frühlingszwiebeln hinzugeben, salzen, pfeffern und unter Rühren 3 Minuten garen. Den Tofu hinzugeben und vorsichtig 2 Minuten erwärmen. Nicht rühren, da der Tofu sonst auseinanderfällt. Vom Herd nehmen, den Reis auf vier Teller verteilen und Gemüse und Tofu darauf anrichten. Mit Sesamsamen bestreuen, mit Sesamöl und Tamari-Sauce beträufeln und warm servieren.

RINDFLEISCH MIT EDAMAME & GRÜNKERN

Für dieses schnelle und einfache Gericht wird Rindfleisch mit einer hausgemachten Sauce und frischem Gemüse in der Pfanne gebraten. Mit Grünkern kombiniert wird daraus eine gesunde Alternative zur klassischen Rindfleischpfanne.

4 PERSONEN · 10 MIN. + 35 MIN. GAREN

- 225 g ungekochter Grünkern
- 1 EL Olivenöl
- 450 g Sirloin-Steak, in Streifen geschnitten
- 225 g Möhren, geraspelt
- 225 g geschälte Edamame (TK)
- 175 ml salzarme Sojasauce
- 60 ml Rinderbrühe
- 60 ml Reisessig
- ½ EL Speisestärke, mit etwas warmem Wasser verquirlt
- 1 TL geriebener Ingwer
- ½ TL frisch gemahlener schwarzer Pfeffer
- 1 Handvoll gehackte Frühlingszwiebeln zum Garnieren

1 Den Grünkern in einem großen Topf mit 750 ml Wasser bedecken und bei mittlerer Hitze zum Kochen bringen. Die Temperatur reduzieren, abdecken und 20–25 Minuten köcheln lassen, bis er das Wasser fast vollständig aufgenommen hat. Vom Herd nehmen, abgießen und beiseitestellen.

2 In der Zwischenzeit das Öl in einer großen Pfanne erhitzen und das Rindfleisch bei mittlerer Hitze unter gelegentlichem Rühren 1 Minute anbraten. Mit dem Schaumlöffel herausheben und beiseitestellen. Möhren und Edamame in die Pfanne geben, abdecken und unter gelegentlichem Rühren 5 Minuten braten.

3 Sojasauce, Rinderbrühe, Reisessig, Stärkemischung, Ingwer und Pfeffer in einer Schüssel verquirlen. Die Sauce in die Pfanne geben, dann das Fleisch hinzugeben und gut vermengen. Zum Kochen bringen. Unter häufigem Rühren 10–12 Minuten garen, bis die Sauce leicht andickt. Vom Herd nehmen. Den Grünkern auf vier Schalen verteilen und die Rindfleischpfanne darauf anrichten. Mit Frühlingszwiebeln garniert heiß servieren.

GEBRATENE HIRSE MIT EI

Die luftige Hirse ersetzt in diesem klassischen Wokgericht den Reis.

2 PERSONEN · 10 MIN. + 30 MIN. GAREN

- 100 g ungekochte Hirse
- 2 Eier
- 1 TL Sesamöl
- 2 EL Olivenöl
- 4 Frühlingszwiebeln, in Ringe geschnitten
- 100 g Bohnensprossen
- 75 g Erbsen (TK), aufgetaut
- 2 TL Sojasauce
- Salz und frisch gemahlener schwarzer Pfeffer

1 Die Hirse in einem großen Topf mit 120 ml Wasser bedecken und zum Kochen bringen. Die Temperatur reduzieren und 10 Minuten köcheln lassen, bis die Hirse weich ist. Vom Herd nehmen und mit der Gabel auflockern. Zum Abkühlen beiseitestellen.

2 Eier und Sesamöl in einer Schüssel verquirlen und beiseitestellen. Das Olivenöl in einer Pfanne erhitzen und die Hirse unter ständigem Rühren 3 Minuten braten. Frühlingszwiebeln, Bohnensprossen und Erbsen unterheben und unter häufigem Rühren weitere 3 Minuten braten.

3 Hirse und Gemüse auf eine Seite der Pfanne schieben und die Eimischung in die Pfanne geben. 1–2 Minuten braten, bis das Ei stockt. Dann mit dem Holzlöffel zerteilen und mit Hirse und Gemüse verrühren.

4 Unter häufigem Rühren weitere 3 Minuten braten, bis das Ei durchgegart und alles gründlich vermengt ist. Vom Herd nehmen, mit Sojasauce beträufeln und umrühren. Mit Salz und Pfeffer abschmecken und heiß servieren.

HÄHNCHEN-BROKKOLI-PFANNE AUF KAMUT

Dieses beliebte chinesische Gericht erhält durch den proteinreichen Kamut eine neue Note.

4 PERSONEN · 10 MIN. + EINWEICHEN + 50 MIN. GAREN

- 200 g ungekochte Kamutkörner
- 1 EL Rapsöl
- 450 g Hähnchenbrustfilet, in 5 mm dünne Streifen geschnitten
- 130 g Brokkoli, gedämpft
- 1 TL frisch gemahlener schwarzer Pfeffer

FÜR DIE SAUCE

- 120 ml salzarme Sojasauce
- 180 ml Hühnerbrühe
- 2 EL Speisestärke
- 2 TL gemahlener Ingwer
- 1 EL Sesamöl

1 Den Kamut in einer großen Schüssel mit Wasser bedecken und 8 Stunden einweichen. Abgießen, unter fließendem Wasser waschen und abtropfen lassen.

2 Den Kamut in einem großen Topf mit 750 ml Wasser bedecken und zum Kochen bringen. Die Temperatur auf schwache bis mittlere Hitze reduzieren und 45 Minuten weich kochen. Vom Herd nehmen, abgießen und beiseitestellen.

3 Alle Zutaten für die Sauce in einer Schüssel verquirlen. Das Öl in einer großen Pfanne erhitzen und das Hähnchen bei mittlerer Hitze unter ein- bis zweimaligem Wenden 5 Minuten rundum anbraten.

4 Brokkoli und Sauce zum Fleisch geben und mit Pfeffer würzen. 7 Minuten weitergaren, bis die Sauce andickt. Vom Herd nehmen. Die Hähnchen-Brokkoli-Pfanne auf dem heißen Kamut anrichten und servieren.

GEBRATENER EMMER MIT GEMÜSE

Gebratener Reis mit Gemüse ist ein Klassiker der schnellen Küche. in dieser Vollwertversion wird der Reis durch Emmer ersetzt. Um den Geschmack des Getreides noch intensiver zu machen, wird es vor dem Kochen geröstet.

3 PERSONEN · 15 MIN. + 30 MIN. GAREN

- 1 EL natives Olivenöl extra
- 150 g Emmerschrot
- 1 Knoblauchzehe, in Scheiben geschnitten
- Salz

FÜR DAS GEMÜSE

- 2 EL Traubenkernöl
- 1 Knoblauchzehe, zerdrückt
- 1 TL geriebener Ingwer
- 3 Frühlingszwiebeln, in dünne Ringe geschnitten
- 1 Möhre, fein gewürfelt
- 1 rote Paprikaschote, entkernt und fein gewürfelt
- 100 g Zuckerschoten
- 2 EL Tamari-Sauce oder salzarme Sojasauce
- 1 Ei (Größe L), leicht verquirlt

1 Das Olivenöl in einem Topf erhitzen. Emmer und Knoblauch hineingeben, mit Salz würzen und bei mittlerer Hitze unter häufigem Rühren 5 Minuten anrösten. Mit 1 l Wasser bedecken und zum Kochen bringen. Die Temperatur reduzieren, abdecken und 20 Minuten köcheln lassen, bis das Wasser fast vollständig aufgenommen ist. Beiseitestellen.

2 Für das Gemüse 1 EL Traubenkernöl in einer großen Pfanne erhitzen und Knoblauch, Ingwer und Frühlingszwiebeln bei mittlerer Hitze unter häufigem Rühren 2 Minuten anschwitzen. Möhren, Paprika, Zuckerschoten und 1 EL Tamari-Sauce hineingeben. Gut vermengen und 3–4 Minuten garen, bis das Gemüse weich wird.

3 Das Gemüse an den Rand der Pfanne schieben und das Ei hineingeben. Unter häufigem Rühren 2 Minuten braten, dann mit dem Gemüse vermengen. Den Emmer und den Rest des Öls und der Tamari-Sauce unterheben. Unter häufigem Rühren weitere 2 Minuten braten, dann vom Herd nehmen und heiß servieren.

BALSAMICO-PUTENPFANNE MIT EMMER

Dieses leichte und sättigende Gericht steckt voller mediterraner Aromen. Das gebratene Gemüse hat Biss und passt gut zum nussigen Emmer und dem zarten, aber kräftig gewürzten Putenfleisch.

3 PERSONEN · 10 MIN. + ÜBER NACHT EINWEICHEN + MARINIEREN + 55 MIN. GAREN

- 100 g ungekochte Emmerkörner
- 2 Putensteaks (à 125 g), in 2 cm breite Streifen geschnitten
- 1 rote oder orange Paprikaschote, entkernt und in Streifen geschnitten
- 1 rote Zwiebel, grob gehackt
- 1 Zucchini, in Scheiben geschnitten
- 1 EL Olivenöl
- 1 Handvoll Basilikumblätter zum Servieren

FÜR DIE MARINADE

- 3 EL Balsamico-Essig
- 1½ EL Olivenöl
- 1 Knoblauchzehe, fein gehackt
- 1 TL italienische Kräuter
- 1 Prise Salz

1 Den Emmer in einer Schüssel mit Wasser bedecken und 8–24 Stunden einweichen. Abgießen, unter fließendem Wasser waschen, gründlich abtropfen lassen und beiseitestellen.

2 Alle Zutaten für die Marinade in einer kleinen Schüssel verrühren. Das Putenfleisch mit der Hälfte der Marinade in einen Gefrierbeutel geben und gut verschließen. Den Rest der Marinade mit Paprika, Zwiebel und Zucchini in einen zweiten Beutel geben. Beide Beutel wenden, bis der Inhalt gleichmäßig mit der Marinade bedeckt ist, und dann mindestens 2 Stunden im Kühlschrank marinieren.

3 In der Zwischenzeit den Emmer in einem großen Topf mit Wasser bedecken und zum Kochen bringen. Die Temperatur reduzieren, abdecken und 30–40 Minuten gar kochen. Vom Herd nehmen und beiseitestellen.

4 Das Putenfleisch und das Gemüse aus der Marinade nehmen, die Marinade aufbewahren. Das Öl in einer Pfanne erhitzen und das Putenfleisch bei mittlerer bis starker Hitze unter häufigem Rühren 3 Minuten braten. Das Gemüse hinzugeben und unter häufigem Rühren 5 Minuten braten, aber darauf achten, dass es noch Biss hat.

5 Die Temperatur erhöhen, die Marinade ebenfalls in die Pfanne geben und unter Rühren 3 Minuten reduzieren. Wenn sie am Boden ansetzt, einen Schuss Wasser hinzugeben. Die Temperatur reduzieren und den Emmer unterheben. Vom Herd nehmen, mit Basilikum garnieren und heiß servieren.

RiNDFLEiSCH & BROKKOLi MiT BULGUR

Dieses aromatische Gericht kombiniert Rindfleisch mit zartem Bulgur, knackigem Brokkoli und cremiger Kokosmilch.

2 PERSONEN · 10 MiN. + 20 MiN. GAREN

- 125 g ungekochter Bulgur
- 1 EL Pflanzen- oder Kokosöl
- 1 Stück Ingwer (2,5 cm), geschält und fein gehackt
- 300 g Rindersteak, in dünne Streifen geschnitten
- 200 g Brokkoli, in Röschen zerteilt
- 90 ml Kokosmilch
- 2 EL Sojasauce, plus Sojasauce nach Bedarf
- Salz und frisch gemahlener schwarzer Pfeffer

1 Den Bulgur in einem großen Topf mit 600 ml Wasser bedecken und zum Kochen bringen. Die Temperatur reduzieren, abdecken und 15 Minuten köcheln lassen, bis das Getreide das Wasser fast vollständig aufgenommen hat und weich ist.

2 Das Öl in einer großen Pfanne erhitzen und den Ingwer bei mittlerer Hitze 3 Minuten anbraten. Das Fleisch zugeben und unter gelegentlichem Rühren 5 Minuten anbraten. Den Brokkoli hinzufügen und unter gelegentlichem Rühren weitere 3–5 Minuten braten. Bulgur, Kokosmilch und Sojasauce einrühren.

3 Weitere 2–3 Minuten braten, bis das Fleisch durchgegart und ein Teil der Kokosmilch vom Getreide aufgenommen ist, der Brokkoli aber noch Biss hat. Vom Herd nehmen, salzen, pfeffern, mit Sojasauce beträufeln und sofort servieren.

ASiA-PFANNE

Schweinefleisch, Ananas und Hirse vereinen sich zu einem leckeren Gericht mit asiatischen Aromen.

4 PERSONEN · 10 MiN. + 30 MiN. GAREN

- 200 g ungekochte Hirse
- 115 g Möhren, in Stifte geschnitten
- 115 g Kaiserschoten
- 60 ml Gemüsebrühe, plus Brühe nach Bedarf
- 2 EL salzarme Sojasauce
- 2 EL gewürzter Reisessig
- 1 EL Speisestärke
- 2 TL Olivenöl
- 1 Stück Ingwer (2,5 cm), geschält und gerieben
- 2 Knoblauchzehen, zerdrückt
- 5 Frühlingszwiebeln, gehackt
- 450 g Schweinekoteletts (ohne Knochen), in dünne Streifen geschnitten
- 115 g frische Ananas, gehackt

1 500 ml Wasser in einem großen Topf zum Kochen bringen. Die Hirse hineingeben, abdecken und bei schwacher bis mittlerer Hitze 15 Minuten köcheln lassen, bis das Wasser fast vollständig aufgenommen ist. Den Topf vom Herd nehmen.

2 In der Zwischenzeit Möhren und Kaiserschoten in einen Topf mit Dämpfeinsatz geben und 10 Minuten zart dämpfen. Beiseitestellen. Für die Sauce Brühe, Sojasauce, Reisessig und Stärke in einer Schüssel verquirlen und beiseitestellen.

3 Das Öl in einer Pfanne erhitzen und Ingwer, Knoblauch und Frühlingszwiebeln unter gelegentlichem Rühren 1 Minute anschwitzen. Das Fleisch hinzugeben und unter gelegentlichem Rühren 5–6 Minuten rundum anbraten. Die Sauce einrühren. Kaiserschoten und Möhren hinzugeben.

4 Weitere 2–3 Minuten garen und bei Bedarf Brühe einrühren, bis die Sauce andickt und am Löffelrücken haftet. Die Ananas einrühren. Auf der Hirse anrichten und heiß servieren.

TOFU-PFANNE MIT KAMUT

In diesem Pfannengericht ist Tofu eine wunderbare Alternative zu Fleisch – nicht nur für Vegetarier. Die Gemüse geben knusprigen Biss und die Marinade sorgt für köstliche, süßsaure Würze.

2 PERSONEN · 15 MIN. + EINWEICHEN + MARINIEREN + 1 STD. GAREN

- 100 g ungekochte Kamutkörner
- 400 g ungewürzter fester Tofu, abgetropft
- 3 EL Pflanzenöl
- 1 Möhre, in Stifte geschnitten
- 1 rote Paprikaschote, entkernt und in dünne Streifen geschnitten
- 50 g Bohnensprossen
- 4 Frühlingszwiebeln, in dünne Streifen geschnitten
- Salz und frisch gemahlener schwarzer Pfeffer

FÜR DIE MARINADE

- 4 EL Sojasauce, plus Sojasauce nach Bedarf
- 2 EL Honig
- 1 Stück Ingwer (5 cm), geschält und fein gehackt
- 2 Knoblauchzehen, fein gehackt

1 Den Kamut in einer Schüssel mit Wasser bedecken und 8 Stunden einweichen. Die Zutaten für die Marinade in einer Schüssel verquirlen. Den Tofu in 2 cm große Würfel scheiden und mit der Hälfte der Marinade in einen Gefrierbeutel geben. Den Beutel gut verschließen und wenden, bis der Tofu rundum mit Marinade überzogen ist. Den Tofu 3–4 Stunden im Kühlschrank marinieren.

2 Den Kamut abgießen, unter kaltem Wasser abspülen, abtropfen lassen und in einen großen Topf geben. Mit Wasser bedecken und zum Kochen bringen. Die Temperatur reduzieren, abdecken und 45 Minuten köcheln lassen. Vom Herd nehmen und abgießen.

3 2 EL Öl in einer Pfanne erhitzen, Tofu bei mittlerer bis starker Hitze 10 Minuten rundum anbraten. Mit dem Schaumlöffel herausheben. Restliches Öl in die Pfanne geben, Möhre und Paprika unter häufigem Rühren 2 Minuten anbraten.

4 Die Bohnensprossen hinzugeben und alles weitere 3 Minuten braten. Kamut, Tofu und die restliche Marinade hinzufügen, die Zwiebeln hinzugeben und unter häufigem Rühren weitere 2 Minuten garen. Mit Sojasauce, Salz und Pfeffer abschmecken, vom Herd nehmen und heiß servieren.

ALTERNATIVEN

Sie können den Kamut auch durch dieselbe Menge der folgenden Getreide ersetzen:

Auch lecker ...

Statt des Tofu können Sie das Gericht mit derselben Menge **Hähnchenfleisch** zubereiten oder auch die rote durch eine **gelbe Paprika** ersetzen.

GARNELEN-SPARGEL-PFANNE MIT POLENTA

Garnelen und Spargel werden in einer leichten Weißweinsauce gegart und mit cremiger Käse-Polenta serviert. Ein einfaches und schnelles Abendessen, mit dem Sie ihre Freunde beeindrucken können.

4 PERSONEN • 10 MIN. + 20 MIN. GAREN

- 2 EL natives Olivenöl extra
- 3 Knoblauchzehen, zerdrückt
- 6–8 Frühlingszwiebeln, weiße und grüne Teile, fein gehackt
- 450 g grüner Spargel, holzige Enden entfernt und in 2,5 cm lange Stücke geschnitten
- 450 g Garnelen, geschält und entdarmt
- 60 ml Weißwein
- Salz und frisch gemahlener schwarzer Pfeffer
- 150 g ungekochte Polenta
- 100 g Asiago oder Parmesan, gerieben, plus Käse zum Garnieren
- 1 Zitrone, in Scheiben geschnitten, zum Servieren

1 Das Öl in einer großen Pfanne erhitzen und Knoblauch, Frühlingszwiebeln und Spargel bei mittlerer Hitze unter gelegentlichem Rühren 5 Minuten braten, bis die Frühlingszwiebeln weich sind. Die Garnelen hinzugeben und unter Rühren 3 Minuten braten, bis sie beginnen sich rosa zu färben.

2 Den Wein hinzugeben und verrühren. Weitere 2–3 Minuten garen, bis die Garnelen gar und rosa sind. Vom Herd nehmen und mit Salz und Pfeffer abschmecken.

3 In der Zwischenzeit 750 ml Wasser mit ¼ TL Salz in einem großen Topf zum Kochen bringen. Die Polenta einrühren, die Temperatur auf schwache bis mittlere Hitze reduzieren und unter gelegentlichem Rühren 5 Minuten köcheln lassen. Vom Herd nehmen und den Käse einrühren.

4 Die Polenta auf vier Teller verteilen und die Garnelen-Spargel-Pfanne darauf anrichten. Mit Käse und Zitronenscheiben garnieren und heiß servieren.

HERZHAFTE RISOTTOS & PILAWS

ITALIENISCHER GERSTEN-RISOTTO

Dieser gesunde Risotto mit Perlgraupen steckt voller italienischer Aromen. Die grünen Oliven und die Basilikumblätter passen perfekt zur traditionellen Tomatensauce.

4 PERSONEN • 10 MIN. + 45 MIN. GAREN

- 1 EL Olivenöl
- 1 Zwiebel, fein gehackt
- 2 Knoblauchzehen, zerdrückt
- 300 g Perlgraupen, gewaschen
- 375 ml passierte Tomaten
- 600 ml Gemüsebrühe
- 1 TL italienische Kräuter
- 1 Dose Cannellini-Bohnen (400 g), abgetropft
- 120 g grüne Oliven, entsteint und halbiert
- Salz und frisch gemahlener schwarzer Pfeffer
- 1 Handvoll Basilikumblätter zum Garnieren

1 Das Öl in einem großen Topf mit Deckel erhitzen. Zwiebel und Knoblauch hineingeben und bei mittlerer bis starker Hitze 5 Minuten glasig anschwitzen. Die Perlgraupen hinzugeben, gut verrühren und weitere 2 Minuten anbraten.

2 Passata, Brühe und italienische Kräuter hinzugeben. Gut vermischen und die Temperatur reduzieren. Abdecken und 30 Minuten köcheln lassen, bis die Flüssigkeit fast vollständig aufgenommen ist und die Graupen bissfest sind. Gelegentlich umrühren, damit der Risotto nicht am Topfboden ansetzt.

3 Die Bohnen einrühren und weitere 5 Minuten garen. Vom Herd nehmen und die Oliven unterheben. Mit Salz und Pfeffer abschmecken, mit Basilikumblättern garnieren und heiß servieren.

ALTERNATIVEN

Sie können die Perlgraupen auch durch dieselbe Menge dieser Getreide ersetzen:

Auch lecker ...

Ersetzen Sie die Cannellini-Bohnen durch **weiße Bohnen, Kichererbsen** oder **Borlotti-Bohnen**.

TEFF-RISOTTO MIT BUTTERNUSSKÜRBIS

In diesem klassischen Risotto, der mit Teff anstelle von Reis gemacht wird, verbindet sich die Süße des gerösteten Kürbis mit aromatischem Salbei und cremiger Sahne zu einem wärmenden Herbstgericht.

2 PERSONEN · 20 MIN. + 1 STD. 10 MIN. GAREN

- 1 Butternusskürbis (ca. 500 g), geschält, entkernt und in 1–2 cm große Würfel geschnitten
- 2 EL Olivenöl
- 1 EL Butter
- 1 kleine Zwiebel, fein gehackt
- 1 Knoblauchzehe, fein gehackt
- 100 g ungekochter Teff
- 500 ml Hühnerbrühe
- 2 EL Sahne
- 15 g Parmesan, gerieben, plus Parmesan zum Servieren
- ¼ TL getrockneter Salbei
- Salz und frisch gemahlener schwarzer Pfeffer
- 2 EL gehacktes Basilikum zum Garnieren

1 Den Backofen auf 200 °C vorheizen. Die Kürbiswürfel auf einem Backblech ausbreiten, mit 1 EL Öl beträufeln und darin wenden, bis sie gleichmäßig mit Öl überzogen sind. 40 Minuten im Ofen rösten, bis der Kürbis zart ist, aber noch etwas Biss hat.

2 Die Butter und das restliche Öl in einer großen Pfanne erhitzen und Zwiebel und Knoblauch bei mittlerer Hitze 5 Minuten anschwitzen, bis die Zwiebel glasig ist. Den Teff hinzugeben und gut durchrühren, um ihn mit Butter und Öl zu überziehen.

3 Unter ständigem Rühren löffelweise 250 ml Brühe hinzugießen und nach jeder Gabe rühren, bis die Flüssigkeit vollständig aufgenommen ist. Dann die Hälfte des Kürbis hinzugeben und vermengen.

4 Nach und nach unter ständigem Rühren die restliche Brühe hinzugießen. 15–20 Minuten kochen, bis die Brühe vollständig aufgenommen ist und der Kürbis zu zerfallen beginnt. Sahne und Parmesan dazugeben und gut verrühren.

5 Den Salbei und den restlichen Kürbis hinzugeben und unterheben. Vom Herd nehmen und mit Salz und Pfeffer abschmecken. Mit Basilikum und Parmesan garnieren und heiß servieren.

SPINAT-DINKEL-RISOTTO MIT KNOBLAUCH

Dieser schnell und einfach zuzubereitende, deftige Risotto enthält alles Gute aus Spinat, Knoblauch und Vollkorn-Dinkel und liefert wertvolle Nährstoffe, wenn man mal nicht so richtig fit ist.

2 PERSONEN · 10 MIN. + 30 MIN. GAREN

- 1 EL Olivenöl
- 1 EL Butter
- 1 kleine Zwiebel, fein gehackt
- 4 Knoblauchzehen, fein gehackt
- 100 g Dinkelgraupen
- 500 ml heiße Hühnerbrühe
- 85 g Blattspinat, dicke Stängel entfernt, grob gehackt
- 2 EL Sahne
- 15 g Parmesan, gerieben, plus Parmesan zum Servieren
- Salz und frisch gemahlener schwarzer Pfeffer

1 Öl und Butter in einer großen Pfanne erhitzen und Zwiebel und Knoblauch bei mittlerer Hitze 5 Minuten anschwitzen, bis die Zwiebel glasig ist. Die Dinkelgraupen hinzugeben, gut durchrühren, um sie mit Butter und Öl zu überziehen, und weitere 3 Minuten braten.

2 Unter ständigem Rühren löffelweise die Brühe hinzugießen und nach jeder Gabe rühren, bis die Flüssigkeit vollständig aufgenommen ist. Unter gelegentlichem Rühren 10 Minuten kochen, bis drei Viertel der Brühe eingerührt sind. Den Spinat portionsweise hinzugeben und nach jeder Gabe zusammenfallen lassen.

3 Unter häufigem Rühren weitere 10 Minuten kochen, bis die gesamte Brühe aufgenommen und der Spinat zusammengefallen ist. Sahne und Parmesan einrühren und mit Salz und Pfeffer abschmecken. Vom Herd nehmen, mit Parmesan bestreuen und heiß servieren.

ALTERNATIVEN

Ersetzen Sie den Dinkel zur Abwechslung einmal durch dieselbe Menge eines der folgenden Getreide:

APFEL-WALNUSS-PILAW MIT GOJI-BEEREN & HÄHNCHEN

Dieser Pilaw bringt auf einzigartige Weise knackigen Apfel und kernigen Weizen mit Nüssen und süßen Beeren zusammen. Etwas zartes Hähnchen dazu ... und man hat ein gesundes und nahrhaftes Essen.

4 PERSONEN • 15 MIN. + EINWEICHEN + 50 MIN. GAREN

- 200 g ungekochte Weizenkörner
- 60 g Goji-Beeren
- 20 g Walnusskerne, gehackt
- 1 EL Olivenöl
- 2 Hähnchenbrustfilets, gewürfelt
- 1 Zwiebel, fein gehackt
- 1 Knoblauchzehe, zerdrückt
- 1 großer Apfel, gerieben
- Salz
- 1 Handvoll glatte Petersilie, fein gehackt
- 1 Handvoll Basilikumblätter, gehackt

1 Die Weizenkörner in einem großen Topf mit Wasser bedecken und zum Kochen bringen. Die Temperatur reduzieren und 30–40 Minuten köcheln lassen, bis der Weizen weich ist.

2 In der Zwischenzeit die Goji-Beeren in einer kleinen Schüssel mit Wasser bedecken und 10 Minuten einweichen. Eine große Pfanne erhitzen und die Walnüsse bei mittlerer Hitze 3–4 Minuten leicht anrösten. Vom Herd nehmen und beiseitestellen.

3 Die Temperatur auf mittlere bis starke Hitze erhöhen und das Öl in die Pfanne geben. Das Hähnchenfleisch unter Rühren 10 Minuten anbraten, dann Zwiebel und Knoblauch hinzugeben. Unter gelegentlichem Rühren 5 Minuten braten, bis das Fleisch gar ist. Vom Herd nehmen.

4 Den Weizen abgießen, in die Pfanne geben und mit Hähnchen, Zwiebel und Knoblauch vermengen. Die Beeren abgießen. Beeren, Nüsse und Apfel zum Pilaw geben und locker unterheben. Mit Salz abschmecken, mit Kräutern garnieren und heiß servieren.

ALTERNATIVEN

Ersetzen Sie den Weizen zur Abwechslung einmal durch dieselbe Menge eines der folgenden Getreide:

Auch lecker ...

Ersetzen Sie die Goji-Beeren durch getrocknete **Cranberrys,** die Walnüsse durch **Pekannüsse** und das Hähnchen durch **Putenbrust.**

EMMER MIT SÜSSKARTOFFEL, CRANBERRYS & PEKANNÜSSEN

Ein herbstlicher Pilaw mit dem warmen Geschmack der Süßkartoffel, der sich hier wunderbar mit dem nussigen, cremigen Emmer, den knackigen Pekannüssen und dem säuerlichen Apfelessigdressing verbindet.

4 PERSONEN · 15 MIN. + ÜBER NACHT EINWEICHEN + 1 STD. 10 MIN. GAREN

- 200 g ungekochte Emmerkörner
- 2 Süßkartoffeln, in 1 cm große Würfel geschnitten
- 2 EL Olivenöl
- 1 Zwiebel, fein gehackt
- 1 TL gemahlener Zimt
- ½ TL gemahlener Kreuzkümmel
- 100 g getrocknete Cranberrys
- 100 g Pekannüsse, grob gehackt
- 4 EL grob gehackte glatte Petersilie

FÜR DAS DRESSING

- 3 EL natives Olivenöl extra
- 1 EL Apfelessig

1 Den Emmer in einer Schüssel mit Wasser bedecken. Über Nacht oder bis zu 8 Stunden einweichen. Abgießen, unter fließendem Wasser abspülen und abtropfen lassen.

2 Den Emmer in einem großen Topf mit Wasser bedecken und zum Kochen bringen. Die Temperatur reduzieren, abdecken und 30 Minuten köcheln lassen, bis das Getreide weich ist. Vom Herd nehmen und abgießen. Beiseitestellen.

3 In der Zwischenzeit den Backofen auf 200 °C vorheizen. Die Süßkartoffeln auf ein Backblech geben und mit 1 EL Öl vermischen. 30–40 Minuten backen, bis sie gar sind.

4 Das restliche Öl in einer Pfanne erhitzen und die Zwiebel bei mittlerer Hitze unter häufigem Rühren 5 Minuten glasig anschwitzen. Zimt und Kreuzkümmel hinzugeben und unter häufigem Rühren 2 Minuten braten.

5 Emmer und Süßkartoffeln dazugeben und vermengen. Die Cranberrys hinzufügen und unter häufigem Rühren weitere 2 Minuten braten. Vom Herd nehmen.

6 Die Zutaten für das Dressing in einer kleinen Schüssel verquirlen und über den Pilaw gießen. Unterheben, mit Pekannüssen und Petersilie bestreuen und heiß servieren.

ALTERNATIVEN

Ersetzen Sie den Emmer durch dieselbe Menge eines der folgenden Getreide:

Gerste

Dinkel

BUCHWEIZEN-ZIEGENKÄSE-RISOTTO

MIT BALSAMICO & PARMASCHINKEN

Buchweizen ist ein leckerer und gesunder Ersatz für Reis. Das Zusammenspiel von cremigem geschmolzenem Ziegenkäse und kräftigem Balsamico-Essig erweist sich hier als ein echtes Erlebnis für die Geschmacksknospen.

2 PERSONEN • 15 MIN. + 30 MIN. GAREN

- 3 EL Olivenöl
- 2 Knoblauchzehen, zerdrückt
- 1 Zwiebel, gewürfelt
- 175 g ungekochte Buchweizenkörner
- 750 ml Hühnerbrühe, plus Brühe nach Bedarf
- 40 g Butter
- Salz und frisch gemahlener schwarzer Pfeffer
- 60 g Ziegenweichkäse
- 1 EL Balsamico-Essig
- 5 Scheiben Parmaschinken, gehackt
- 1 EL grob gehackte glatte Petersilie

1 Das Öl in einem großen Topf erhitzen und Knoblauch und Zwiebel bei mittlerer Hitze unter häufigem Rühren 3–4 Minuten glasig anschwitzen. Den Buchweizen hinzugeben und weitere 2 Minuten anbraten.

2 Die Brühe hinzugießen, umrühren und aufkochen. Die Temperatur reduzieren und unter häufigem Rühren 15 Minuten köcheln lassen. Die Butter hinzugeben und gut verrühren. Weitere 5 Minuten köcheln lassen, bis die Flüssigkeit nahezu vollständig aufgenommen wurde. Wenn der Risotto zu schnell trocken wird, mehr Brühe hinzugeben.

3 Vom Herd nehmen und mit Salz und Pfeffer abschmecken. Ziegenkäse und Balsamico hinzugeben und gut unterrühren, bis der Käse geschmolzen ist. Parmaschinken und Petersilie dazugeben und verrühren. Heiß servieren.

GRÜNKERN-RISOTTO MIT KIRSCHEN & PISTAZIEN

So einen Pilaw haben Sie noch nie gegessen: Dieses leckere Grünkerngericht wird mit wärmenden, duftenden Gewürzen, getrockneten Kirschen und Pistazien zubereitet und ist herzhaft und süß zugleich.

4 PERSONEN · 10 MIN. + 30 MIN. GAREN

- 200 g ungekochter Grünkern
- 8 Kardamomkapseln
- 8 ganze Gewürznelken
- 1 EL Öl
- 1 Zwiebel, fein gehackt
- 1 TL gemahlener Zimt
- 1 Prise Salz
- 100 g getrocknete Kirschen, grob gehackt
- 100 g Pistazien, grob gehackt

FÜR DAS DRESSING

- 3 EL Olivenöl
- 2 EL Zitronensaft
- 1 Prise Salz

1 Den Grünkern in einem großen Topf mit 500 ml Wasser bedecken und zum Kochen bringen. Die Temperatur reduzieren. Kardamom und Nelken hinzugeben und 20 Minuten köcheln lassen, bis das Wasser vollständig aufgenommen ist. Abgießen und Kardamom und Nelken herausnehmen. Beiseitestellen.

2 In der Zwischenzeit das Öl in einer großen Pfanne erhitzen und die Zwiebel bei mittlerer Hitze unter gelegentlichem Rühren 5–10 Minuten glasig anschwitzen. Den Zimt hinzugeben und weitere 2 Minuten braten.

3 Alle Zutaten für das Dressing in einer kleinen Schüssel verrühren. Den Grünkern zur Zwiebel geben, mit Salz abschmecken und vermischen. Kirschen und Pistazien hinzugeben und unterrühren, bis sie gut verteilt sind. Vom Herd nehmen. Mit dem Dressing beträufeln und heiß servieren. Dazu passt die Minz-Jogurth-Sauce von S. 167 oder der Jogurthdip von S. 223.

ALTERNATIVEN

Nehmen Sie anstelle des Grünkerns **120 g Bulgur**, den Sie in **600 ml Wasser** kochen.

Auch lecker ...

Ersetzen Sie die getrockneten Kirschen durch **Aprikosen** und die Pistazien durch **Mandeln.**

NUSSIGER BULGUR-PILAW MIT ROSINEN

Dieser leichte Pilaw mit seinen aromatischen Gewürzen ist das perfekte Abendessen. Die gerösteten Mandeln und die Rosinen geben ihm Textur und passen gut zum samtigen Bulgur.

4 PERSONEN · 10 MIN. + 45 MIN. GAREN

- 125 g ungekochter Bulgur
- 60 g Mandelblättchen
- 1 EL Olivenöl
- 1 Zwiebel, fein gehackt
- 1 TL gemahlener Zimt
- 2 EL gemahlener Kreuzkümmel
- 85 g Rosinen
- 200 ml Gemüsebrühe
- Salz und frisch gemahlener schwarzer Pfeffer
- 4 EL gehackte glatte Petersilie zum Garnieren

1 Den Bulgur in einem großen Topf mit 600 ml Wasser bedecken. Zum Kochen bringen, die Temperatur reduzieren und 20–30 Minuten köcheln lassen, bis der Bulgur weich ist. Vom Herd nehmen, restliches Wasser abgießen und beiseitestellen.

2 Eine Pfanne erhitzen und die Mandeln bei mittlerer bis starker Hitze unter häufigem Schütteln 5 Minuten goldbraun rösten. Vom Herd nehmen und beiseitestellen.

3 Das Öl in einem Topf erhitzen und die Zwiebel bei mittlerer Hitze unter häufigem Rühren 5 Minuten glasig anschwitzen. Zimt und Kreuzkümmel hinzugeben und unter häufigem Rühren weitere 2 Minuten anrösten.

4 Rosinen und Bulgur dazugeben und gut vermengen. Weitere 2 Minuten garen, dabei die Brühe hinzugießen, wenn die Mischung zu trocken wird oder am Topfboden ansetzt. Vom Herd nehmen und mit Salz und Pfeffer abschmecken. Mit den Mandeln bestreuen und mit Petersilie garnieren. Heiß servieren.

PILZ-RISOTTO MIT GERSTE

Bei diesem erdigen Risotto mit Pilzen sind die Perlgraupen ein guter Ersatz für Reis. Lassen Sie sich Zeit, damit es perfekt gelingt.

4 PERSONEN · 10 MIN. + 45 MIN. GAREN

- 1 EL Olivenöl
- 1 kleine Zwiebel, gewürfelt
- 15 braune Champignons, in dünne Scheiben geschnitten
- 225 g ungekochte Perlgraupen
- 120 ml Weißwein
- 1 l heiße Hühnerbrühe
- 115 g Parmesan, gerieben
- 1 EL fein gehackter Salbei
- Meersalz und frisch gemahlener schwarzer Pfeffer

1 Das Öl in einer großen Pfanne erhitzen. Zwiebel und Champignons hineingeben und bei schwacher Hitze unter häufigem Rühren 10 Minuten anschwitzen, bis die Zwiebel weich ist und die Pilze bräunen und Saft abgeben.

2 Die Temperatur auf mittlere Hitze erhöhen, die Graupen einrühren und 1 Minute anbraten. Den Wein hinzugießen und 5 Minuten kochen, bis er aufgenommen ist. Unter ständigem Rühren die Brühe kellenweise hinzugeben und nach jeder Gabe vollständig aufnehmen lassen.

3 Unter häufigem Rühren 25–30 Minuten kochen. Parmesan und Salbei unterheben und mit Salz und Pfeffer abschmecken. Vom Herd nehmen und sofort servieren.

AMARANT-RISOTTO MIT ERBSEN & ZIEGENKÄSE

Ein kräftiger Risotto mit frischen Erbsen, würzigem Ziegenkäse und erdigem Amarant.

2 PERSONEN · 5 MIN. + 40 MIN. GAREN

- 1 EL Walnussöl
- 1 Zwiebel, fein gehackt
- 1 Knoblauchzehe, fein gehackt
- 250 g ungekochter Amarant
- 50 g ungekochter Teff
- 750 ml heiße Gemüsebrühe
- 200 g Erbsen (TK)
- 50 g Ziegenweichkäse, zerkrümelt
- Salz und frisch gemahlener schwarzer Pfeffer

1 Das Öl in einem großen Topf erhitzen und Zwiebel und Knoblauch bei mittlerer Hitze unter häufigem Rühren 5 Minuten anschwitzen, bis die Zwiebel glasig ist.

2 Amarant, Teff und Brühe hinzugeben und gut verrühren. Zum Kochen bringen, dann die Temperatur reduzieren und unter häufigem Rühren 25 Minuten köcheln lassen.

3 Die Erbsen hinzugeben und weitere 10 Minuten köcheln lassen, bis die Flüssigkeit aufgenommen ist und Amarant und Teff weich und cremig sind. Ziegenkäse darübergeben und mit Salz und Pfeffer abschmecken. Sorgfältig durchrühren, vom Herd nehmen und heiß servieren.

PIKANTE GARNELEN MIT EMMER, LIMETTE & KORIANDER

Dieses erfrischende Gericht bringt saftige Garnelen mit cremiger Avocado, süßen Dattel-Tomaten und nussigem Emmer zu einem perfekten Abendessen zusammen. Chiliflocken und Limette geben eine schöne Schärfe.

4 PERSONEN • 10 MIN. + 1 STD. 10 MIN. GAREN

- 175 g ungekochte Emmerkörner
- Salz und frisch gemahlener schwarzer Pfeffer
- 2 EL Olivenöl
- 2 Knoblauchzehen, zerdrückt
- 450 g Garnelen, geschält und entdarmt
- 2 Tomaten, gewürfelt
- ½ TL Chiliflocken
- 1 Avocado, entsteint und gewürfelt
- 150 g Datteltomaten, halbiert
- 2 EL fein gehacktes Koriandergrün
- 60 ml Limettensaft
- 2 Zitronen oder Limetten, halbiert, zum Servieren (nach Belieben)

1 Den Emmer in einem großen Topf mit 560 ml Wasser bedecken und ½ TL Salz hinzugeben. Bei mittlerer Hitze zum Kochen bringen. Die Temperatur auf mittlere bis schwache Hitze reduzieren, abdecken und den Emmer 50–60 Minuten garen, bis er weich ist. Vom Herd nehmen, abgießen und in einer großen Schüssel beiseitestellen.

2 In der Zwischenzeit das Öl in einer großen Pfanne erhitzen und den Knoblauch bei mittlerer Hitze 1 Minute anbraten, bis er duftet. Garnelen, Tomaten und Chiliflocken hinzugeben und gut verrühren. Abdecken und 10 Minuten garen, bis die Garnelen rosa sind. Mit Salz und Pfeffer abschmecken und vom Herd nehmen.

3 Avocado, Datteltomaten und Koriandergrün zum Emmer geben und gut vermengen. Mit Limettensaft beträufeln und mischen. Mit Salz und Pfeffer abschmecken und auf vier Teller verteilen. Die Garnelen darauf anrichten, nach Belieben mit Zitronen- oder Limettenhälften garnieren und heiß servieren.

BLUMENKOHL-SORGHUM-PILAW
MIT CURRY & KOKOS

Blumenkohl wird schon seit Jahrhunderten gegessen und galt im 16. und 17. Jahrhundert als absolute Delikatesse. In diesem Pilaw bildet er mit Sorghum, Currygewürz und cremiger Kokosmilch eine traumhafte Kombination.

2 PERSONEN • 10 MIN. + 1 STD. 15 MIN. GAREN

- 100 g ungekochtes Sorghum
- 150 g Blumenkohl, in Röschen geteilt
- 20 g Kokosflocken
- 1 EL Olivenöl
- 1 Zwiebel, fein gehackt
- 2 TL mildes Currypulver
- 85 ml Kokosmilch
- Salz und frisch gemahlener schwarzer Pfeffer
- 2 EL gehacktes Koriandergrün zum Garnieren

1 Das Sorghum in einem großen Topf mit Wasser bedecken und aufkochen. Die Temperatur reduzieren und 45–60 Minuten köcheln lassen, bis das Sorghum zart ist, aber noch Biss hat. Vom Herd nehmen und beiseitestellen.

2 Den Blumenkohl in einen Dämpfeinsatz geben und 10 Minuten dämpfen, bis er gar ist. Beiseitestellen. Eine Pfanne erhitzen und die Kokosflocken bei mittlerer Hitze unter häufigem Schütteln 5 Minuten rösten, bis sie leicht Farbe annehmen. Aus der Pfanne nehmen und beiseitestellen.

3 Das Öl in die Pfanne geben und die Temperatur reduzieren. Die Zwiebel 5 Minuten anschwitzen, bis sie glasig ist. Das Currypulver einrühren und weitere 2 Minuten anrösten. Blumenkohl und Sorghum hinzugeben und gut vermengen.

4 Die Kokosmilch hinzugießen, umrühren und 2 Minuten köcheln lassen. Die Hälfte der Kokosflocken hinzugeben und gut verrühren. Mit Salz und Pfeffer abschmecken und vom Herd nehmen. Mit den restlichen Kokosflocken bestreuen, mit Koriandergrün garnieren und heiß servieren.

ALTERNATIVEN

Verwenden Sie anstelle des Sorghums dieselbe Menge eines der folgenden Getreide:

Hirse

Kamut

GERSTEN-RISOTTO MIT GRÜNKOHL & BACON

Ein wunderbares, gesundes Wohlfühl-Essen voller erstaunlicher Geschmacksnoten. Die cremige Gerste ist eine großartige Basis für den Kontrast von würzigem Bacon und gesundem Grünkohl.

2 PERSONEN • 15 MIN. + ÜBER NACHT EINWEICHEN + 40 MIN. GAREN

- 150 g ungekochte Perlgraupen
- 1 EL Butter, zimmerwarm
- 1½ EL Olivenöl
- 1 kleine Zwiebel, fein gehackt
- 1 Knoblauchzehe, fein gehackt
- 500 ml heiße Gemüsebrühe
- 30 g Grünkohl, Strünke entfernt, grob gehackt
- 2 EL Sahne
- 15 g Parmesan, gerieben, plus Parmesan zum Servieren
- 4 dicke Scheiben roher Schinkenspeck, in Streifen geschnitten
- Salz und frisch gemahlener schwarzer Pfeffer

1 Die Graupen in einer Schüssel mit Wasser bedecken und über Nacht oder bis zu 8 Stunden einweichen. Abgießen, unter fließendem Wasser abspülen, abtropfen lassen und beiseitestellen.

2 Butter und 1 EL Öl in einer Pfanne erhitzen und Zwiebel und Knoblauch bei mittlerer Hitze 5 Minuten anschwitzen, bis die Zwiebel glasig ist.

3 Die Graupen hineingeben, gut vermengen und unter häufigem Rühren 3 Minuten anbraten. Dann unter ständigem Rühren die Brühe kellenweise hinzugeben und nach jeder Gabe rühren, bis die Brühe vollständig aufgenommen ist.

4 Wenn mehr als die Hälfte der Brühe eingerührt ist, den Kohl portionsweise hinzugeben und gut unterheben. 20–25 Minuten kochen, bis der Kohl zusammengefallen und die Brühe vollständig aufgenommen ist. Sahne und Parmesan einrühren.

5 In der Zwischenzeit das restliche Öl in einer kleinen Pfanne erhitzen und den Speck bei mittlerer Hitze 7 Minuten braten, bis er knusprig zu werden beginnt. Mit einem Schaumlöffel herausheben, zum Risotto geben und gut unterheben. Mit Salz und Pfeffer abschmecken, mit Parmesan bestreuen und heiß servieren.

EMMER-RISOTTO MIT GEBACKENEM GEMÜSE

Dieser cremig-köstliche Risotto erhält durch den Emmer eine kernige Textur und einen leicht süßen Geschmack. Das gebackene Gemüse ist dazu die perfekte Ergänzung.

4 PERSONEN · 15 MIN. + 40 MIN. GAREN

- 3 EL Olivenöl
- 1 kleine Zwiebel, fein gehackt
- 150 g ungekochte Emmerkörner
- 120 ml Weißwein
- 1 l heiße Hühnerbrühe
- 50 g Parmesan, gerieben
- 1 EL fein gehackter Thymian
- Meersalz und frisch gemahlener schwarzer Pfeffer
- 1 rote Paprikaschote, entkernt und in dünne Streifen geschnitten
- 1 Zucchini, gewürfelt
- 150 g Kirschtomaten

1 Den Backofen auf 200 °C vorheizen. 1 EL Öl in einem großen Topf erhitzen und die Zwiebel bei mittlerer Hitze unter häufigem Rühren 5 Minuten glasig anschwitzen. Den Emmer einrühren und 1–2 Minuten sanft mitrösten.

2 Den Wein einrühren und köcheln lassen, bis er vollständig aufgenommen wurde. Dann die Brühe unter ständigem Rühren kellenweise hinzugeben und nach jeder Gabe rühren, bis die Brühe vollständig aufgenommen wurde. Sobald sie komplett eingerührt ist, Parmesan und Thymian hinzugeben, alles mit Salz und Pfeffer abschmecken und vom Herd nehmen.

3 In der Zwischenzeit Paprika, Zucchini und Tomaten auf einem Bachblech verteilen. Mit dem restlichen Öl beträufeln, salzen und pfeffern. Das Gemüse unter gelegentlichem Wenden 20–25 Minuten im Backofen rösten, bis es gar ist und Farbe annimmt. Unter den Risotto heben und sofort servieren.

KAMUT-FENCHEL-RISOTTO

Fenchel ist ein Mitglied der Sellerie-Familie und in den Mittelmeerländern sehr beliebt. Kamut schmeckt deutlich nussiger und kräftiger als der traditionelle Risotto-Reis und passt wunderbar zum Anisgeschmack des frischen Fenchels.

2 PERSONEN • 10 MIN. + ÜBER NACHT EINWEICHEN + 1 STD. GAREN

- 175 g ungekochte Kamutkörner, über Nacht eingeweicht
- 750 ml Hühner- oder Gemüsebrühe
- 1 EL Butter
- 1 EL Olivenöl
- 1 Fenchelknolle, gewürfelt, Grün aufbewahrt
- 1 Zwiebel, gewürfelt
- 1 Knoblauchzehe, zerdrückt
- 120 ml Weißwein
- 1 TL abgeriebene Schale von einer Bio-Zitrone
- 30 g Parmesan, gerieben, plus Parmesan zum Servieren
- Salz und frisch gemahlener schwarzer Pfeffer

1 Kamut und Brühe in einem großen Topf zum Kochen bringen. Die Temperatur reduzieren, abdecken und 45 Minuten köcheln lassen. Vom Herd nehmen. Den Kamut abgießen, die Brühe auffangen und beiseitestellen.

2 Butter und Öl in einem großen, hohen Topf erhitzen. Fenchel und Zwiebel hineingeben und bei mittlerer Hitze unter ständigem Rühren 5 Minuten anbraten. Den Knoblauch hinzugeben und weitere 2 Minuten braten.

3 Kamut und Wein dazugeben und unter häufigem Rühren köcheln lassen, bis der Wein aufgenommen ist. 60 ml der aufgefangenen Brühe hinzufügen und unter häufigem Rühren kochen, bis sie vollständig aufgenommen und der Kamut zart, aber noch bissfest ist. Die Konsistenz des Kamut regelmäßig überprüfen und bei Bedarf mehr Brühe hinzugießen.

4 Zitronenschale und Parmesan dazugeben, gut unterheben und vom Herd nehmen. Mit Salz und Pfeffer abschmecken, mit Fenchelgrün garnieren und mit Parmesan bestreuen. Sofort servieren.

LINSEN-QUINOA-PILAW

Quinoa und Linsen sind die Grundlage für ein kraftspendendes, nahrhaftes Gericht, dessen indische Aromen der frische Ingwer noch unterstreicht.

4 PERSONEN · 10 MIN. + 40 MIN. GAREN

- 2 EL Olivenöl
- ½ Zwiebel, fein gehackt
- 2 Knoblauchzehen, fein gehackt
- 2 TL geriebener Ingwer
- 1 EL Garam Masala (ind. Gewürzmischung)
- 90 g getrocknete Linsen, abgespült
- 90 g ungekochte Quinoa, gewaschen
- 60 g Erbsen (TK)
- Salz und frisch gemahlener schwarzer Pfeffer

1 Das Öl in einem großen Topf mit Deckel erhitzen und die Zwiebel bei mittlerer Hitze unter häufigem Rühren 6–8 Minuten glasig anschwitzen. Knoblauch, Ingwer und Garam Masala hinzugeben, unterrühren und 1 Minute anrösten. Linsen und 500 ml Wasser hinzugeben, unterrühren und alles zum Kochen bringen.

2 Die Temperatur reduzieren, den Topf abdecken und die Linsen 10 Minuten köcheln lassen. Quinoa und Erbsen hinzugeben, unterrühren und weitere 20 Minuten köcheln lassen, bis die Flüssigkeit aufgenommen ist, die Linsen gar sind und die Quinoa zart ist. Mit Salz und Pfeffer abschmecken und vom Herd nehmen. Sofort servieren.

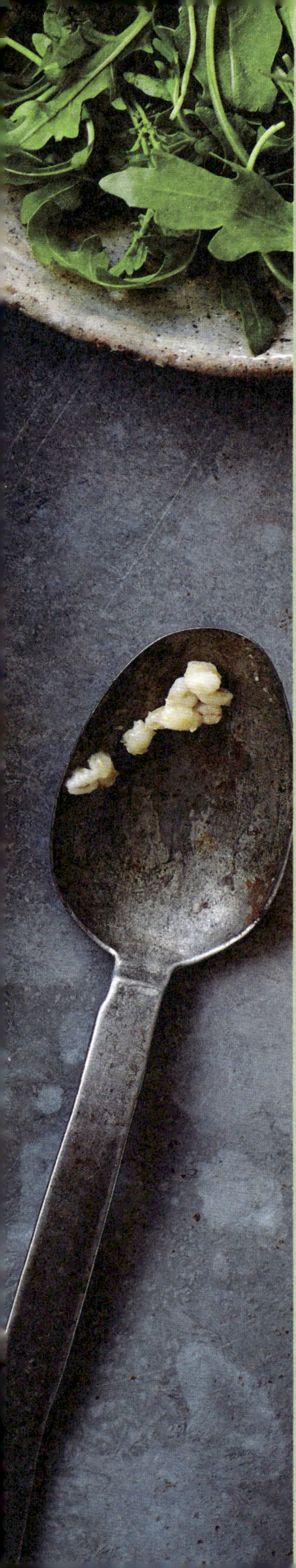

PAPRIKA MIT GERSTEN-ARTISCHOCKEN-FÜLLUNG

Die leicht gerösteten roten Paprika mit cremigem Gersten-Artischocken-Risotto sind nicht nur optisch ein Genuss – eine schöne Alternative zur üblichen Reisfüllung.

6 PERSONEN · 10 MIN. + 35 MIN. GAREN

- 4 EL natives Olivenöl extra
- 1 kleine Zwiebel, gewürfelt
- 225 g ungekochte Gerstenkörner
- 125 ml Weißwein
- 1 l warme Gemüsebrühe
- 100 g Parmesan, gerieben
- 350 g Artischockenherzen, gehackt
- Salz und frisch gemahlener schwarzer Pfeffer
- 6 rote Paprikaschoten

1 In einem großen Topf 2 EL Öl erhitzen und die Zwiebel bei mittlerer Hitze unter häufigem Rühren 5–10 Minuten anbraten, bis sie glasig ist und leicht Farbe annimmt. Die Gerste hinzugeben, unterrühren und weitere 1–2 Minuten braten.

2 Den Wein dazugießen und köcheln lassen, bis er vollständig aufgenommen ist. Dann die Brühe kellenweise unter Rühren hinzugeben und nach jeder Gabe rühren, bis die die Flüssigkeit vollständig aufgenommen ist. Sobald die gesamte Brühe eingerührt ist, den Risotto unter ständigem Rühren weitere 2–3 Minuten garen. Vom Herd nehmen, Parmesan und Artischockenherzen unterheben und mit Salz und Pfeffer abschmecken.

3 In der Zwischenzeit den Backofen auf 180 °C vorheizen. Die Paprika längs halbieren, entkernen und die weißen Stege entfernen. Mit dem restlichen Öl einreiben und auf ein mit Alufolie ausgelegtes Backblech geben. 15 Minuten im Ofen rösten, bis sie weich werden. Aus dem Herd nehmen, mit dem Risotto füllen und sofort servieren.

GEBRATENER GRÜNKERN MiT HÄHNCHEN

Dieses unkomplizierte Gericht beruht auf dem beliebten chinesischen Bratreis, verwendet aber statt Reis gesunden Grünkern, der mit kräftigem Sesamöl und Sojasauce aromatisiert wird.

4 PERSONEN · 10 MiN. + 35 MiN. GAREN

- 260 g Grünkernschrot
- 1 EL Olivenöl
- 2 große Knoblauchzehen, zerdrückt
- 3 Frühlingszwiebeln, in dünne Ringe geschnitten
- 350 g gegartes Hähnchenfleisch, gewürfelt
- 1 TL Sesamöl
- Salz und frisch gemahlener schwarzer Pfeffer
- 3 Eier (Größe L), leicht verquirlt
- 4 EL salzarme Sojasauce

1 Den Grünkern unter fließendem Wasser abspülen und gut abtropfen lassen. In einem großen Topf mit 1,3 l Wasser bedecken und bei starker Hitze zum Kochen bringen. Die Temperatur reduzieren und 15 Minuten köcheln lassen, bis das Wasser fast vollständig aufgenommen ist. Vom Herd nehmen und beiseitestellen.

2 Das Öl in einem Wok oder einer großen Pfanne erhitzen und Knoblauch und Frühlingszwiebeln bei mittlerer Hitze unter Rühren 3–4 Minuten anschwitzen, bis die Frühlingszwiebeln weich sind.

3 Den Grünkern hinzufügen, dann Hähnchenfleisch und Sesamöl dazugeben, mit Salz und Pfeffer abschmecken und gut vermengen. Unter häufigem Rühren 4 Minuten kochen, bis das Fleisch heiß ist.

4 Die Grünkernmischung auf eine Seite des Woks schieben, die Eier hineingießen und ohne zu rühren 2–3 Minuten braten, bis sie gestockt sind. Dann wenden und weitere 1–2 Minuten braten, bis die Eier durchgegart sind.

5 Die Eier mit der Grünkernmischung verrühren und weitere 1–2 Minuten braten. Vom Herd nehmen, mit Sojasauce beträufeln und gut durchrühren. Heiß servieren.

GESUNDE BURGER & LEICHTE MAHLZEITEN

QUINOA-FALAFEL
MIT MINZ-JOGHURT-SAUCE

Die traditionelle Falafel aus Kichererbsen erhält durch einen Anteil Quinoa die gesunden Eigenschaften des vollen Korns und einen einzigartigen Geschmack. Dazu gesellt sich eine frische und leichte Minz-Joghurt-Sauce, die die erdigen Aromen wunderbar ergänzt.

4 PERSONEN · 15 MIN. + KÜHLEN + 45 MIN. GAREN

- 60 g ungekochte Quinoa
- 1 Ei
- 2 Knoblauchzehen
- 1 EL Kreuzkümmel
- ¼ TL Salz
- 2 Dosen Kichererbsen (à 400 g), abgetropft
- 4 EL gehacktes Koriandergrün
- 1 EL Mehl zum Bestäuben
- 1–2 EL Olivenöl, plus Olivenöl zum Einfetten

FÜR DIE SAUCE

- 150 g griechischer Joghurt
- 4 EL gehackte Minzeblätter
- Saft von 1 Zitrone

1 Die Quinoa unter fließendem Wasser abspülen, in einen großen Topf geben und mit 170 ml Wasser bedecken. Bei mittlerer Hitze zum Köcheln bringen. 15 Minuten köcheln lassen, bis das Wasser fast vollständig aufgenommen wurde. Vom Herd nehmen und abgießen.

2 Quinoa, Ei, Knoblauch, Kreuzkümmel, Salz und 350 g Kichererbsen in den Mixer geben und grob zerkleinern. Dann die restlichen Kichererbsen, das Koriandergrün und die übrigen Zutaten hinzugeben und 1 Minute mixen, bis die Kichererbsen zerkleinert sind, aber noch ein wenig Textur besitzen. Die Mischung in eine große Schüssel umfüllen und 30 Minuten im Kühlschrank kalt stellen.

3 Den Backofen auf 180 °C vorheizen. Ein Backblech einfetten und mit Backpapier auslegen. Den Falafelteig in acht gleiche Portionen teilen. Jede Portion auf einer leicht bemehlten Fläche zu einer glatten Kugel rollen und dann sanft flach drücken.

4 Die Falafel von beiden Seiten mit etwas Öl bepinseln und auf das Backblech legen. 20 Minuten im Ofen backen, bis sie gut gebräunt und knusprig sind. Aus dem Ofen nehmen.

5 Alle Zutaten für die Sauce in einer Schüssel gut verrühren. Falafel und Minz-Joghurt mit Pitabrot und einem grünen Salat servieren.

TEFF-TÜRMCHEN
MIT MEDITERRANEM GEMÜSE

Der vielseitige Teff wird hier zu Bratlingen geformt und mit dem klassischen mediterranen Trio aus Aubergine, Tomate und Mozzarella serviert. Mit knusprigem Brot und einem kalten Weißwein das perfekte Essen für warme Tage.

4 PERSONEN • 20 MIN. + ABKÜHLEN + 30 MIN. GAREN

- 750 ml heiße Gemüsebrühe
- 200 g ungekochter Teff
- 1 Aubergine, in acht 5 mm dicke Scheiben geschnitten
- Salz und frisch gemahlener schwarzer Pfeffer
- 1 EL Olivenöl, plus Olivenöl zum Servieren
- 2 große Tomaten, in acht 5 mm dicke Scheiben geschnitten
- 200 g Mozzarella, in acht 5 mm dicke Scheiben geschnitten
- 1 Handvoll Basilikumblätter zum Garnieren

1 Zwei 20 × 25 cm große Backbleche mit Backpapier auslegen und beiseitestellen. Die Brühe in einem großen Topf bei mittlerer Hitze zum Köcheln bringen. Den Teff hineingeben und gut durchrühren.

2 Die Temperatur reduzieren und den Teff 15–20 Minuten köcheln lassen, bis er die Konsistenz von dickem Brei hat. Dabei häufig rühren, damit sich keine Klumpen bilden. Vom Herd nehmen. Den Teff auf die Bleche verteilen und mit einem Holzlöffel zu einer gleichmäßigen, glatten Schicht verstreichen. Zum Abkühlen beiseitestellen.

3 Die Auberginenscheiben in ein Sieb geben, mit ¼ TL Salz bestreuen und zum Abtropfen beiseitestellen. Den Teff von den Blechen auf eine saubere Fläche heben. Mit einem Ausstecher oder einem Glas acht große Taler ausstechen.

4 Eine Grillpfanne erhitzen. Die Auberginenscheiben mit Küchenpapier abtupfen und bei starker Hitze 2 Minuten von jeder Seite grillen, bis sie leicht angesengt und gar sind. Vom Herd nehmen und beiseitestellen.

5 Das Öl in einer großen Pfanne erhitzen und die Teff-Taler bei mittlerer bis starker Hitze von jeder Seite 2 Minuten knusprig braten. Beiseitestellen. Die Tomatenscheiben 1–2 Minuten von jeder Seite braten und vom Herd nehmen.

6 Einen Teff-Taler auf jeden Teller legen und mit je einer Scheibe Aubergine, Tomate und Mozzarella belegen. Wiederholen, sodass es zwei Schichten ergibt. Pfeffern, mit Basilikum bestreuen und mit Öl beträufeln. Sofort servieren.

BLUMENKOHL-HASELNUSS-POLENTA

Die Süße der gerösteten Nüsse kontrastiert schön mit dem Blumenkohl und dem reifen, kräftigen Manchego. Es mag ein bisschen mühsam sein, die Haselnüsse zu schälen – aber es lohnt sich.

4 PERSONEN • 15 MIN. + 55 MIN. GAREN

- 75 g Haselnüsse
- 450 g Blumenkohl, Röschen getrennt
- 1 EL Olivenöl
- Salz und frisch gemahlener schwarzer Pfeffer
- Saft von ½ Zitrone

FÜR DIE POLENTA

- 500 ml Milch, plus Milch nach Bedarf
- 150 g grobe Polenta
- 3 EL Butter
- 30 g geriebener Manchego, plus Manchego zum Servieren
- 1 Handvoll glatte Petersilie, grob gehackt, zum Servieren

1 Den Backofen auf 180 °C vorheizen. Die Haselnüsse auf einem Backblech ausbreiten und 10–15 Minuten im Ofen rösten, bis sie gut gebräunt sind und die Haut sich ablöst. Etwas abkühlen lassen, dann zwischen zwei Lagen Küchenpapier reiben, um die Haut zu entfernen. Die Nüsse grob hacken und beiseitestellen.

2 Die Ofentemperatur auf 200 °C erhöhen. Den Blumenkohl auf ein großes Backblech geben, mit dem Öl beträufeln und kräftig salzen und pfeffern. Unter gelegentlichem Rühren 30 Minuten im Ofen backen, bis er goldbraun und gar ist. Aus dem Ofen nehmen, mit dem Zitronensaft beträufeln und beiseitestellen.

3 Für die Polenta die Milch und 500 ml Wasser in einen großen Topf mit Deckel geben. ¼ TL Salz hinzugeben und kräftig pfeffern. Zum Kochen bringen, dann die Temperatur auf mittlere bis schwache Hitze reduzieren. Nach und nach unter ständigem Rühren ein Drittel der Polenta einstreuen und gut verrühren. Dann die restliche Polenta einrühren und 10 Minuten garen.

4 Die Temperatur reduzieren und den Topf halb abdecken. Unter gelegentlichem Rühren weitere 15 Minuten köcheln, bis die Polenta cremig ist. Wenn sie zu dick wird, etwas Wasser oder Milch dazugießen. Dann Butter und Käse hinzugeben und sorgfältig glatt rühren. Vom Herd nehmen. Die Polenta in Schalen füllen und Haselnüsse und Blumenkohl darauf anrichten. Mit Petersilie garnieren und sofort servieren.

BUCHWEIZEN-BURGER MIT ROTER BETE

Bei diesen herzhaft-erdigen vegetarischen Burgern finden die Süße der Roten Bete und die nussige Textur der Buchweizenkörner zusammen. Hier vermisst niemand das Fleisch!

4 PERSONEN • 15 MIN. + ÜBER NACHT EINWEICHEN + KÜHLEN + 30 MIN. GAREN

- 60 g ungekochte Buchweizenkörner
- 125 g Rote Bete, ungeschält und grob gehackt
- 85 g Möhren, ungeschält und grob gehackt
- 30 g Frühlingszwiebeln, fein gehackt
- 2 Eier
- 60 g Hafermehl
- ½ TL Salz
- 60 g Sonnenblumenkerne
- 2–3 EL Pflanzenöl

ZUM SERVIEREN

- 4 Burgerbrötchen
- 4 TL Mayonnaise
- grüner Salat nach Geschmack

1 Den Buchweizen in einer großen Schüssel mit Wasser bedecken. Mit einem Küchentuch abdecken und 8–12 Stunden quellen lassen. Dann abgießen und unter fließendem Wasser abspülen.

2 Rote Bete, Möhren und Frühlingszwiebeln in den Mixer geben und 1–2 Minuten grob pürieren. Buchweizen, Eier, Hafermehl und Salz hinzugeben und kurz mixen.

3 50 g Sonnenblumenkerne hinzugeben, kurz mixen und die Mischung in eine große Schüssel umfüllen. Die übrigen Sonnenblumenkerne hinzugeben und unterheben. 30 Minuten im Kühlschrank kalt stellen. Die Mischung in vier Portionen teilen und jeweils zu einem 9 cm großen und 2 cm dicken Bratling formen.

4 Das Öl in einer Pfanne erhitzen. Die Bratlinge hineingeben und bei mittlerer bis starker Hitze von jeder Seite 5 Minuten braten, bis sie fest und leicht gebräunt sind. In mehreren Chargen arbeiten, damit die Pfanne nicht zu voll ist. Vom Herd nehmen und auf Küchenpapier abtropfen lassen. Mit Burgerbrötchen, Mayonnaise und grünem Salat servieren. Dazu passen Pommes frites.

ALTERNATIVEN

Ersetzen Sie den Buchweizen durch dieselbe Menge eines der folgenden Getreide. Weichen Sie das Getreide über Nacht in Wasser ein und kochen Sie es in 200 ml frischem Wasser. Lassen Sie es vor der weiteren Verarbeitung abkühlen.

Auch lecker ...

Ersetzen Sie die Sonnenblumenkerne durch **Kürbiskerne**.

TEX-MEX-BURRITOS

Leicht zuzubereiten: ein Gemüse-Hirse-Wrap mit Käse als kleines Abendessen.

4 PERSONEN • 15 MIN. + 20 MIN. GAREN

- 1 EL Olivenöl
- 1 Knoblauchzehe, zerdrückt
- 1 Jalapeño-Chili, entkernt und fein gehackt
- 60 ml Limettensaft
- 175 g gekochte Hirse (s. S. 22)
- 200 g schwarze Bohnen (aus der Dose)
- 4 große Tortillas
- 115 g Cheddar, fein gerieben
- 1 Avocado, entsteint und in Scheiben geschnitten
- 150 g Salsa (s. S. 43)

1 Den Backofen auf 190 °C vorheizen. Das Öl in einer Pfanne erhitzen und Knoblauch und Jalapeño bei mittlerer Hitze unter gelegentlichem Rühren 2 Minuten anbraten, bis der Knoblauch weich ist.

2 Limettensaft, Hirse und Bohnen einrühren. Gut verrühren und 7 Minuten kochen, um alles durchzuwärmen. Vom Herd nehmen.

3 Die Füllung gleichmäßig auf die Tortillas verteilen und jede Tortilla mit der gleichen Menge an Käse, Avocado und Salsa belegen. Die Tortillas einrollen, in Alufolie einschlagen und 10 Minuten im Ofen backen. Sofort servieren.

BULGUR-PUFFER MIT MÖHRE & ZUCCHINI

Ein schneller Snack oder eine leckere Beilage zu Hähnchen oder Burgern.

4 PERSONEN • 10 MIN. + ABKÜHLEN + 40 MIN. GAREN

- 60 g ungekochter Bulgur
- 1 Zucchini, gerieben
- 1 Möhre, gerieben
- 5 g glatte Petersilie, grob gehackt
- 4 Eier (Größe L), leicht verquirlt
- Salz und frisch gemahlener schwarzer Pfeffer
- 2 EL Olivenöl

1 Den Bulgur in einem Topf mit 300 ml Wasser bedecken und zum Kochen bringen. Die Temperatur reduzieren und 20–30 Minuten köcheln lassen, bis das Wasser aufgenommen und der Bulgur weich ist. Vom Herd nehmen und 15 Minuten abkühlen lassen.

2 Das Gemüse in ein sauberes Küchentuch oder Presstuch einschlagen und so viel Wasser wie möglich herauspressen. In eine Schüssel geben und Petersilie, Bulgur und Eier hinzufügen. Salzen, pfeffern und gut vermengen.

3 Das Öl in einer großen Pfanne erhitzen. Für jeden Puffer einen gehäuften Löffel Teig hineingeben und auf 7,5 cm Durchmesser und 1 cm Dicke verstreichen. Die Puffer bei mittlerer Hitze 2–3 Minuten von jeder Seite goldbraun braten. In mehreren Chargen arbeiten, damit die Pfanne nicht zu voll ist. Die Puffer mit einem Schaumlöffel herausheben und auf einem mit Küchenpapier ausgelegten Teller abtropfen lassen. Heiß servieren.

GRÜNKERN-KÖFTE
MIT TAHIN-ZITRONEN-SAUCE

Diese im Nahen Osten beliebten Frikadellen werden traditionell mit Rinder- oder Lammhack zubereitet. Der Grünkern als Fleischersatz macht sie zum perfekten vegetarischen Genuss.

4 PERSONEN · 15 MIN. + ABKÜHLEN + KÜHLEN + 45 MIN. GAREN

- 200 g Grünkernschrot
- 1 kleine Zwiebel, fein gehackt
- 1 Ei
- 2 TL gemahlener Kreuzkümmel
- 1 TL gemahlener Koriander
- 3 EL grob gehackte Minze
- 12 g glatte Petersilie, grob gehackt
- ½ TL Salz
- 20 g Haferflocken
- 40 g Vollkornmehl, plus Mehl nach Bedarf
- Olivenöl zum Braten

FÜR DIE SAUCE

- 4 EL Tahin (Sesammus)
- Saft von 1 Zitrone
- 1 Knoblauchzehe, fein gehackt
- ¼ TL Salz
- 2 EL grob gehackte glatte Petersilie

1 Den Grünkern mit 1 l Wasser in einen großen Topf geben. Zum Kochen bringen, die Temperatur reduzieren und 20 Minuten köcheln lassen, bis das Wasser fast vollständig aufgenommen und der Grünkern dick und klebrig ist. Vom Herd nehmen, restliches Wasser abgießen und den Grünkern abkühlen lassen.

2 Zwiebel, Ei, Kreuzkümmel, Koriander, Minze, Petersilie, Salz, Haferflocken und Mehl zum Grünkern geben, vermengen und mindestens 30 Minuten im Kühlschrank kalt stellen.

3 In der Zwischenzeit für die Sauce Tahin, Zitronensaft, Knoblauch, Salz und Petersilie mit 4 EL Wasser in eine Schüssel geben und zu einer glatten Paste verrühren. Bei Bedarf mit mehr Wasser verdünnen. Beiseitestellen.

4 Die Grünkernmischung auf einer sauberen Fläche zu 4 cm dicken Kugeln formen. Mehr Mehl einarbeiten, wenn die Mischung nicht gut zusammenhält.

5 In einer Pfanne 2 EL Öl erhitzen. Die Köfte unter häufigem Wenden bei mittlerer Hitze 5–8 Minuten braten, bis sie rundum gut gebräunt und knusprig sind. Mit einem Schaumlöffel herausheben, auf einen mit Küchenpapier ausgelegten Teller geben und warm stellen. In mehreren Chargen arbeiten, damit die Pfanne nicht zu voll ist. Heiß mit der Sauce servieren.

AMARANT-BOHNEN-BURGER
MIT AVOCADOCREME

Diese vegetarischen Burger müssen sich vor keiner Fleischvariante verstecken. Die großartige Textur der schwarzen Bohnen, der kernige Amarant und die Chilischärfe passen einfach perfekt zur kühlen Avocadocreme.

6 PERSONEN • 15 MIN. + ABKÜHLEN + 45 MIN. GAREN

- 60 g ungekochter Amarant
- 1 Dose schwarze Bohnen (400 g), abgetropft
- 1 kleine rote Zwiebel, fein gehackt
- ½ TL Knoblauchgranulat oder ¼ TL Knoblauchpulver
- ½ TL Chiliflocken
- 10 g Haferflocken
- ¼ TL Salz

FÜR DIE AVOCADOCREME

- 2 Avocados, entsteint
- Saft von 1 Zitrone
- 1 Prise Salz

ZUM SERVIEREN

- 6 Burgerbrötchen
- 1 Handvoll Kirschtomaten, in dünne Scheiben geschnitten
- 1 kleine rote Zwiebel, in Ringe geschnitten

1 Den Amarant in einem großen Topf mit 130 ml Wasser bedecken. Zum Kochen bringen, die Temperatur reduzieren und 12 Minuten köcheln lassen, bis das Wasser fast vollständig aufgenommen ist. Vom Herd nehmen, restliches Wasser abgießen und den Amarant leicht abkühlen lassen.

2 Den Backofen auf 200 °C vorheizen. Ein Backblech einfetten und mit Backpapier auslegen. Den Amarant in eine große Schüssel umfüllen. Bohnen, Zwiebel, Knoblauch und Chiliflocken dazugeben. Gut vermengen und mit dem Gabelrücken zerdrücken. Haferflocken und Salz hinzufügen und alles gut vermengen.

3 Die Mischung in sechs gleich große Portionen aufteilen und zu Kugeln formen. Die Kugeln sanft zu 7,5 cm großen Bratlingen flach drücken, auf das Backblech legen und in den Ofen geben. 30 Minuten backen, bis die Burger sich fest anfühlen und knusprig sind.

4 In der Zwischenzeit für die Avocadocreme das Fruchtfleisch der Avocados auslöffeln und in den Mixer geben. Zitronensaft und Salz hinzugeben und glatt pürieren. Die Burger in die Brötchen legen und etwas Avocadocreme daraufgeben. Mit Tomaten und Zwiebel servieren.

BEEF-BURGER MIT GERSTE

Noch besser als reine Rindfleisch-Burger: ein wenig Gerste macht diese Burger zart und saftig und verleiht ihnen eine wundervolle Konsistenz. Perfekt für das nächste Barbecue!

4 GROSSE BURGER · 20 MIN. + ABKÜHLEN + KÜHLEN + 1 STD. GAREN

- 50 g ungekochte Perlgraupen
- 500 g mageres Rinderhack
- 1 Ei (Größe L)
- 100 g Zwiebeln, fein gehackt
- 1 TL gemischte getrocknete italienische Kräuter
- Salz und frisch gemahlener schwarzer Pfeffer
- 1 EL Olivenöl, plus Öl zum Einfetten

ZUM SERVIEREN

- 4 Burgerbrötchen
- 4 TL Tomatenketchup
- 4 TL Senf
- ½ Salatgurke, geschält und gehobelt

1 Die Graupen unter kaltem Wasser abspülen, abtropfen lassen und in einem großen Topf mit Wasser bedecken. Zum Kochen bringen und 30 Minuten gar köcheln lassen. Abgießen, unter fließendem Wasser abspülen und erneut abtropfen lassen. Zum Abkühlen beiseitestellen.

2 Hackfleisch, Ei, Zwiebeln und Kräuter in eine große Schüssel geben, mit Salz und Pfeffer abschmecken und gut vermengen. Die Perlgraupen hinzugeben und erneut gut vermengen.

3 Einen Teller leicht einölen. 4 Burger mit 10 cm Durchmesser und 2 cm Dicke formen, auf den Teller legen und mit Frischhaltefolie abdecken. 20 Minuten kalt stellen, damit sie beim Braten besser die Form halten.

4 Das Öl in einer großen Pfanne erhitzen. Die Burger bei mittlerer Hitze etwa 10 Minuten von jeder Seite braten, bis sie gut gebräunt und durchgegart sind. Aus der Pfanne nehmen und mit Burgerbrötchen, Senf, Ketchup und Gurke servieren.

ALTERNATIVEN

Ersetzen Sie die Gerste durch dieselbe Menge einer der folgenden Getreidesorten und kochen Sie sie auf die gleiche Weise:

VEGGIE-BURGER MIT DINKEL

Der Dinkel gibt diesen vegetarischen Burgern ihr intensives Aroma. Das Gemüse wird zunächst im Ofen geröstet. So bewahrt es seinen Geschmack und verliert unerwünschte Flüssigkeit.

6 BURGER • 15 MIN. + ÜBER NACHT EINWEICHEN + KÜHLEN + 1 STD. GAREN

- 40 g ungekochte Dinkelkörner
- 140 g Shiitake-Pilze, in Streifen geschnitten
- 3 TL Tamari- oder Sojasauce
- 1 große Rote Bete (ca. 100 g), gerieben
- 2 große Möhren (ca. 100 g), gerieben
- 1 Dose Kidney-Bohnen (400 g), abgetropft
- Salz und frisch gemahlener schwarzer Pfeffer
- 1–2 EL Olivenöl
- 50 g gemahlene Mandeln
- 40 g Panko-Paniermehl
- 2 EL scharfer Dijon-Senf
- 2 EL Mayonnaise
- 2 Frühlingszwiebeln, in Ringe geschnitten
- 2 Knoblauchzehen, zerdrückt
- 2 Eier (Größe L)
- 115 g Tempeh, zerkrümelt

ZUM SERVIEREN

- 6 Burgerbrötchen
- 1 Avocado, entsteint und in Scheiben geschnitten
- 1 große Tomate, in Scheiben geschnitten
- 1 große Zwiebel, in Ringe geschnitten

1 Den Dinkel in einer Schüssel mit Wasser bedecken und über Nacht einweichen. Abtropfen lassen und unter fließendem Wasser abspülen. In einem Topf mit 240 ml Wasser bedecken und zum Kochen bringen. Die Temperatur reduzieren, abdecken und 50 Minuten köcheln lassen. Vom Herd nehmen und abkühlen lassen.

2 Den Backofen auf 200 °C vorheizen. Die Pilze auf einem mit Backpapier ausgelegten Blech ausbreiten und mit 2 TL Tamari-Sauce vermengen. Rote Bete, Möhren und Bohnen auf einem zweiten Blech ausbreiten. Salzen, pfeffern und mit Öl beträufeln. Die Bleche in den Ofen geben und das Gemüse 15 Minuten rösten. Aus dem Herd nehmen und wenden. Wieder in den Ofen geben und dabei die Positionen der Bleche tauschen. Weitere 10 Minuten rösten, bis Gemüse und Bohnen knusprig sind und die Pilze ihre Flüssigkeit größtenteils verloren haben. Aus dem Ofen nehmen und abkühlen lassen.

3 Mandeln, Paniermehl, abgekühltes Gemüse und die restliche Tamari-Sauce in einen Mixer geben und grob mixen. Senf, Mayonnaise, Frühlingszwiebeln, Knoblauch und Eier hinzufügen, mit Pfeffer abschmecken und erneut kurz mixen. Dinkel und Tempeh hinzugeben und kurz mixen, sodass die Mischung eine grobe Konsistenz behält. In eine große Schüssel umfüllen, abdecken und 1 Stunde im Kühlschrank kalt stellen.

4 Grill oder Grillpfanne erhitzen. Den Teig in sechs gleich große Portionen teilen und zu 2,5 cm dicken Burgern formen. Von jeder Seite 5 Minuten bei mittlerer bis schwacher Hitze knusprig grillen. Vom Grill nehmen und mit Burgerbrötchen, Avocado, Tomaten und Zwiebel servieren.

QUINOA-THUNFISCH-TALER

Eine völlig neue Version der Fischfrikadelle: Paprika und Quinoa geben ihr in diesem Rezept das gewisse Etwas. Unkompliziert in der Zubereitung und zusammen mit einem Salat eine leckere Mahlzeit.

4 PERSONEN · 10 MIN. + KÜHLEN + 20 MIN. GAREN

- 225 g Thunfisch (aus der Dose), abgetropft und klein gezupft
- 100 g gekochte Quinoa (s. S. 22)
- 2 Eier, verquirlt
- 2 Knoblauchzehen, zerdrückt
- abgeriebene Schale von 1 Bio-Zitrone
- 40 g grüne Paprikaschote, entkernt und fein gehackt
- 1 TL frisch gemahlener schwarzer Pfeffer
- Meersalz
- 2–3 EL Olivenöl
- 1 Zitrone, in Spalten geschnitten, zum Servieren
- 1 Handvoll Brunnenkresse zum Garnieren

1 Thunfisch, Quinoa, Eier, Knoblauch, Zitronenschale, Paprika und Pfeffer in eine Schüssel geben. Mit Meersalz abschmecken und gründlich vermengen.

2 Die Mischung in acht gleich große Portionen teilen und jeweils vorsichtig zu einem Taler formen. Die Taler auf einen Teller legen und etwa 15 Minuten im Kühlschrank kalt stellen.

3 Das Öl in einer großen Pfanne erhitzen. Die Taler vorsichtig hineingeben und bei mittlerer Hitze 4 Minuten von jeder Seite braten, bis sie goldbraun und durchgegart sind. Dabei in Chargen arbeiten, damit die Pfanne nicht zu voll ist. Aus der Pfanne heben und heiß mit Zitronenspalten und etwas Brunnenkresse servieren.

ALTERNATIVEN

Ersetzen Sie die Quinoa durch dieselbe Menge gekochte Hirse und fahren Sie wie angegeben fort.

Auch lecker ...

Ersetzen Sie den Thunfisch durch gekochtes **Krebsfleisch** oder **Lachs** und fahren Sie wie im Rezept beschrieben fort.

LAMMBÄLLCHEN MIT TEFF

Diese Frikadellen sind dank Zimt, Muskat und Teff saftig und unglaublich aromatisch.

4 PERSONEN • 10 MIN. + KÜHLEN + 20 MIN. GAREN

- 50 g Teffmehl
- 450 g Lammhack
- 2 Frühlingszwiebeln (ca. 30 g), fein gehackt
- 1 TL gemahlener Kreuzkümmel
- ¼ TL geriebene Muskatnuss
- ¼ TL gemahlener Zimt
- Salz und frisch gemahlener schwarzer Pfeffer
- 1 Ei, leicht verquirlt

1 Mehl, Hackfleisch, Frühlingszwiebeln, Kreuzkümmel, Muskat und Zimt in eine große Schüssel geben. Mit ½ TL Salz und Pfeffer kräftig würzen und gründlich vermengen. Das Ei hinzugeben und erneut gut vermengen. Mit Frischhaltefolie abdecken und 30 Minuten im Kühlschrank kalt stellen.

2 Den Backofen auf 180 °C vorheizen. Ein Backblech mit Backpapier auslegen. Den Teig in zwölf gleich große Portionen teilen und zu Kugeln formen. Die Frikadellen auf das Blech setzen und 10 Minuten im Ofen backen.

3 Die Lammbällchen aus dem Ofen nehmen und wenden. Weitere 10 Minuten backen. Aus dem Ofen nehmen und überprüfen, ob sie gar sind: Sie sollten jetzt medium gebraten sein. Wenn Sie sie durchgegart bevorzugen, weitere 5 Minuten in den Ofen geben. Warm servieren.

CHIPOTLE-BOHNEN-BURGER

Dieses schnelle und unkomplizierte Rezept vereint Vollkorngetreide mit Chipotle-Chilis zu großartigen Burgern.

6 STCK. • 10 MIN. + 20 MIN. GAREN

- 1 Dose schwarze Bohnen (400 g), abgetropft und abgespült
- 1 kleine Zwiebel, geviertelt
- 2 Knoblauchzehen
- 2 Chipotle-Chilis mit 1 TL Adobo-Sauce
- Öl zum Einfetten
- ½ TL Salz
- 175 g gekochter Bulgur (s. S. 22)
- 90 g Haferflocken
- 1 Ei (Größe L)

ZUM SERVIEREN

- 6 Burgerbrötchen
- ½ Avocado, entsteint und in dünne Scheiben geschnitten
- 1 große Tomate, in Scheiben geschnitten

1 Den Backofen auf 190 °C vorheizen. Bohnen, Zwiebel, Knoblauch, Chilis und Sauce in den Mixer geben und gut vermengen. Die Mischung in eine Schüssel umfüllen.

2 Ein Backblech leicht einfetten und beiseitestellen. Salz, Bulgur, Haferflocken und Ei zur Bohnenmischung in die Schüssel geben und gründlich vermengen. Den Teig in sechs gleich große Portionen teilen und zu Bratlingen formen. Auf das Backblech legen und in den Ofen schieben.

3 10–12 Minuten backen, dann aus dem Ofen nehmen. Die Bratlinge wenden und weitere 10 Minuten backen, bis sie gebräunt und durchgegart sind. Aus dem Ofen nehmen. Sofort im Burgerbrötchen mit Avocado und Tomate servieren. Dazu passt Salat.

GEBACKENE GRÜNKERN-ARANCINI

Arancini werden normalerweise aus übrig gebliebenem Risotto gemacht. Hier sind die italienischen Bällchen aus Grünkern und lecker mit Mozzarella und Pinienkernen gefüllt.

10–12 STCK. • 15 MIN. + KÜHLEN + 50 MIN. GAREN

- 175 g Grünkernschrot
- 600 ml Hühner- oder Gemüsebrühe
- 75 g Mozzarella, gerieben
- 1 EL Pinienkerne, leicht geröstet und fein gehackt
- 1 EL fein gehackte glatte Petersilie
- Salz und frisch gemahlener schwarzer Pfeffer
- 2 Eier (Größe L), leicht verquirlt
- 30 g Parmesan, gerieben
- 85 g Panko-Paniermehl
- Marinarasauce zum Servieren

1 Grünkern und Brühe in einen großen Topf geben und zum Kochen bringen. Die Temperatur reduzieren und 25 Minuten köcheln lassen. Vom Herd nehmen, den Grünkern auf einem großen Teller ausbreiten und vollständig auskühlen lassen. Dann in den Kühlschrank stellen.

2 Den Backofen auf 220 °C vorheizen. Ein Backblech mit Backpapier auslegen und beiseitestellen. Mozzarella, Pinienkerne und Petersilie in eine Schüssel geben. Salzen, pfeffern und gründlich vermengen. Die Eier mit Parmesan und 60 g Paniermehl in eine zweite Schüssel geben. Den Grünkern hinzugeben und gut vermengen. Das übrige Paniermehl in eine flache Schale streuen.

3 Die Grünkernmischung in zehn bis zwölf gleich große Portionen teilen und zu Kugeln formen. In jede Kugel ein Loch drücken, etwas von der Mozzarellafüllung hineingeben und wieder verschließen. Die Kugeln leicht im Panko-Paniermehl wälzen, um sie rundum zu panieren.

4 Die Kugeln auf das Blech setzen, in den Ofen schieben und 20–25 Minuten goldbraun backen. Aus dem Ofen nehmen und warm mit der Marinarasauce servieren. Die Arancini halten sich im Kühlschrank einen Tag.

POLENTA MIT TOMATE, MOZZARELLA, PARMA-SCHINKEN & PESTO

Polenta kann eine gesunde Alternative zu Brot sein. In diesem Gericht bildet sie eine perfekte Unterlage für cremigen Mozzarella und aromatischen Parmaschinken. Das Pesto bringt die Wärme des italienischen Sommers mit.

4 PERSONEN · 15 MIN. + 10 MIN. GAREN

- 1 EL Olivenöl
- 300 g gekochte und abgekühlte Polenta (s. S. 25), in 8 ca. 1 cm dicke Scheiben geschnitten
- 2 Tomaten, in 8 Scheiben geschnitten
- 300 g Mozzarella, in 8 ca. 1 cm dicke Scheiben geschnitten
- 8 Scheiben Parmaschinken
- 85 g Basilikum-Pesto, selbst gemacht (s. S. 63) oder gekauft

1 Das Öl in einer großen Pfanne erhitzen und die Polenta bei mittlerer Hitze 5 Minuten von jeder Seite goldbraun braten. Aus der Pfanne heben.

2 Die Polentascheiben auf vier Teller verteilen und jeweils mit einer Scheibe Tomate und Mozzarella belegen. Eine Scheibe Schinken darauf anrichten und mit dem Pesto beträufeln. Sofort servieren.

RINDFLEISCH-BULGUR-FRIKADELLEN

MIT CREMIGER PESTO-SAUCE

Dieses Gericht kombiniert köstliche und gesunde Frikadellen mit einer hinreißenden Sauce aus traditionellem Pesto und Sahne – das perfekte Rezept für ein leckeres Abendessen.

4 PERSONEN · 10 MIN. + 35 MIN. GAREN

- Butter zum Einfetten
- 450 g Rinderhack
- 60 g frische Weißbrotbrösel
- 60 g gekochter Bulgur (s. S. 22)
- 2 Eier (Größe L)
- 1 EL Pesto, selbst gemacht (s. S. 63) oder gekauft
- ½ TL Salz
- ¼ TL Pfeffer

FÜR DIE SAUCE

- 1 EL Butter
- 1 EL Mehl
- 225 g Sahne
- 225 g Pesto, selbst gemacht (s. S. 63) oder gekauft

1 Den Backofen auf 190 °C vorheizen. Ein Backblech leicht einfetten und beiseitestellen. Hackfleisch, Weißbrotbrösel, Bulgur, Eier und Pesto in eine große Schüssel geben, salzen und pfeffern und gründlich vermengen.

2 Den Teig zu 12 Kugeln formen und auf das Backblech setzen. 15 Minuten backen, aus dem Ofen nehmen und wenden. Die Frikadellen wieder in den Ofen geben und weitere 10 Minuten backen, bis sie durchgegart sind.

3 In der Zwischenzeit die Butter in einem Topf zerlassen. Das Mehl hinzugeben und unter ständigem Rühren anschwitzen, bis es eine hellgoldene Farbe hat. Nach und nach unter ständigem Rühren die Sahne hinzugeben.

4 Das Pesto hinzugeben und sorgfältig verrühren. Mit Salz und Pfeffer abschmecken und gut durchrühren. Die Frikadellen mit der Sauce übergießen und heiß servieren.

BUTTERNUSSKÜRBIS-PUFFER AUS DEM OFEN

Diese appetitlichen und gesunden Puffer werden gebacken, nicht frittiert. Das Amarantmehl liefert eine leicht nussige Note und die Polenta macht das Ganze auch ohne Fritteuse knusprig.

10 STCK. • 15 MIN. + ABKÜHLEN + 1 STD. 15 MIN. GAREN

- 1 kleiner Butternusskürbis (ca. 300 g)
- 60 g Amarantmehl
- 1 Knoblauchzehe, zerdrückt
- 2 EL grob gehackter Schnittlauch
- ½ TL gemahlener Kreuzkümmel
- ¼ TL Cayennepfeffer
- Salz und frisch gemahlener schwarzer Pfeffer
- 1 EL natives Olivenöl extra
- 1 EL Ahornsirup
- 50 g Parmesan, gerieben
- 75 g Polenta

1 Den Backofen auf 200 °C vorheizen. Den Kürbis mehrfach mit einer Gabel einstechen und in einen Bräter setzen. In den Ofen schieben und 45 Minuten backen, bis er weich ist. Aus dem Ofen nehmen und leicht abkühlen lassen. Die Ofentemperatur auf 180 °C reduzieren. Ein Backblech mit Backpapier auslegen und beiseitestellen.

2 Den abgekühlten Kürbis halbieren und die Kerne mit einem Löffel entfernen. Das Fruchtfleisch auslösen, in eine große Schüssel geben und mit dem Gabelrücken zerdrücken. Amarant, Knoblauch, Schnittlauch, Kreuzkümmel und Cayennepfeffer hinzugeben und kräftig mit Salz und Pfeffer abschmecken. Gründlich mischen, Öl und Ahornsirup hinzugießen, Käse einstreuen und erneut gut vermengen.

3 Die Polenta in eine flache Schale streuen. Jeweils einen Löffel der Kürbismischung zu einer Kugel formen und in der Polenta wälzen. Die panierten Kugeln auf das Backblech setzen und sanft flach drücken. Die Puffer 25–30 Minuten im Ofen backen, bis sie goldbraun und durchgegart sind. Warm servieren.

GEFÜLLTE CHAMPIGNONS MIT SALSICCIA & EMMER

Diese gebackenen Champignons sind lecker mit milder Salsiccia und erdigem Emmer gefüllt. Servieren Sie die Pilze solo als Vorspeise oder mit einem bunten Salat als leichtes Abendessen.

4 PERSONEN • 15 MIN. + 40 MIN. GAREN

- 150 g milde italienische Salsiccia
- 1 EL Olivenöl
- 1 kleine Zwiebel, fein gewürfelt
- 1 grüne Paprikaschote, entkernt und fein gewürfelt
- 4 große Wiesenchampignons, Stiele abgetrennt und fein gehackt
- 100 g gekochter Emmer (s. S. 22)
- 1 Ei (Größe L), leicht verquirlt
- 1 TL geräuchertes Paprikapulver
- Salz und frisch gemahlener schwarzer Pfeffer

1 Den Backofen auf 190 °C vorheizen. Eine kleine Pfanne erhitzen und die Würste bei mittlerer Hitze 5–10 Minuten braten, bis sie gut gebräunt und durchgegart sind. Vom Herd nehmen und etwas abkühlen lassen, dann in mundgerechte Stücke schneiden.

2 Das Öl in einer Pfanne erhitzen und Zwiebel, Paprika und Champignonstiele bei mittlerer Hitze unter gelegentlichem Rühren 10 Minuten braten, bis sie leicht gebräunt sind. In eine große Schüssel geben und mit Wurst und Emmer vermengen. Ei und Paprikapulver hinzugeben und mit Salz und Pfeffer abschmecken. Gründlich vermengen.

3 Die Lamellen der Champignonköpfe mit einem Löffel ausschaben. Die Füllung gleichmäßig auf die Pilzköpfe verteilen und leicht andrücken. Auf ein Backblech setzen und 20 Minuten im Ofen backen, bis die Champignons weich sind und die Füllung gar ist. Aus dem Ofen nehmen und etwas abkühlen lassen. Warm servieren.

POLENTAFRITTEN MIT ROSMARIN & KNOBLAUCH

Diese mit Rosmarin und Knoblauch gewürzten Polentastäbchen sind deutlich gesünder als Pommes frites aus der Imbissbude. Servieren Sie die Polentafritten als vollwertiges Gericht zu einem Veggie-Burger mit Dinkel (s. S. 181).

4–6 PERSONEN · 15 MIN. + KÜHLEN + 30 MIN. GAREN

- 1–2 EL Olivenöl, plus Öl zum Einfetten
- 750 ml Hühnerbrühe
- 1 EL Butter
- 150 g Instant-Polenta
- 1 Knoblauchzehe, durchgepresst
- 1 EL fein gehackter Rosmarin
- Salz und frisch gemahlener schwarzer Pfeffer

1 Ein Backblech einfetten und beiseitestellen. Brühe und Butter in einem Topf zum Kochen bringen. Die Temperatur auf mittlere Hitze reduzieren und nach und nach unter ständigem Rühren die Polenta einstreuen. 2 Minuten unter Rühren kochen, bis die Flüssigkeit vollständig aufgenommen und die Polenta dick und cremig ist.

2 Vom Herd nehmen, Knoblauch und Rosmarin hinzugeben und gut vermengen. Die Polenta auf dem Backblech zu einer gleichmäßigen, 1 cm dicken Schicht verstreichen und 3 Stunden im Kühlschrank kalt stellen.

3 Den Backofen auf 200 °C vorheizen. Ein weiteres Backblech einfetten und beiseitestellen. Die Polenta auf einer sauberen Arbeitsfläche in lange Stifte schneiden. Die »Fritten« auf dem Backblech verteilen und leicht mit Öl bepinseln. Kräftig salzen und pfeffern und 20–25 Minuten backen, bis sie an den Kanten goldbraun sind. Aus dem Ofen nehmen und sofort servieren.

PIKANTE QUINOA-KAMUT-TALER
MIT MANGO-HABANERO-SAUCE

Diese leckeren Taler sind ein schönes Fingerfood und reizen die Geschmacksknospen mit ihrer Würze. Richtig feurig-fruchtig wird es, wenn man sie in die Mango-Habanero-Sauce dippt.

12 KLEINE TALER • 20 MIN. + ÜBER NACHT EINWEICHEN + KÜHLEN + 1 STD. 10 MIN. GAREN

- 85 g ungekochte Kamutkörner, über Nacht eingeweicht
- Salz und frisch gemahlener schwarzer Pfeffer
- 85 g ungekochte Quinoa, gewaschen
- 3 Eier, leicht verquirlt
- 8 EL fein gehackte Senfblätter
- 1 Handvoll Koriandergrün, fein gehackt
- 1 Jalapeño-Chili, entkernt und fein gehackt
- 3 Schalotten, fein gehackt
- 3 Knoblauchzehen, durchgepresst
- 1 TL gemahlener Kreuzkümmel
- ½ TL Backpulver
- 60 g Kichererbsenmehl
- 2–4 EL Traubenkernöl, plus Öl nach Bedarf

FÜR DIE SAUCE

- 1 EL Traubenkernöl
- 1 große, reife Mango, entkernt und gewürfelt
- 1 kleine Habanero-Chili, entkernt und gewürfelt
- 1 Knoblauchzehe, zerdrückt
- 1 Schalotte, grob gehackt
- 2 EL Weißweinessig

1 Den Kamut in einem Topf mit 375 ml Wasser bedecken. Eine Prise Salz hinzugeben und zum Kochen bringen. Die Temperatur reduzieren, abdecken und 40 Minuten köcheln lassen. Vom Herd nehmen, abgießen und den Kamut zum Abkühlen auf einem Backblech ausbreiten.

2 In der Zwischenzeit die Quinoa in einem zweiten Topf mit 250 ml Wasser bedecken, 1 Prise Salz hinzugeben und zum Kochen bringen. Die Temperatur reduzieren, abdecken und 10–15 Minuten köcheln lassen, bis das Wasser fast vollständig aufgenommen ist. Vom Herd nehmen, abgießen und zum Kamut auf das Blech geben. Auf Zimmertemperatur abkühlen lassen, dann 10–15 Minuten im Kühlschrank kalt stellen.

3 Für die Sauce das Öl in einer Pfanne erhitzen. Mango, Chili, Knoblauch, Schalotte und Essig hineingeben und bei mittlerer Hitze unter gelegentlichem Rühren 10 Minuten garen, bis die Mango zerfällt. Die Mischung in den Mixer geben und glatt pürieren. Die Sauce in eine Schale füllen und zum Abkühlen beiseitestellen.

4 Den Backofen auf 180 °C vorheizen. Kamut, Quinoa, Eier, Senfblätter, Koriandergrün, Jalapeño, Schalotten, Knoblauch und Kreuzkümmel in eine große Schüssel geben. Mit ½ TL Salz und reichlich Pfeffer abschmecken und gründlich vermengen. Backpulver und Kichererbsenmehl hinzugeben und gut vermischen. 20–25 Minuten im Kühlschrank kalt stellen.

5 Ein Backblech mit Backpapier auslegen. Die Mischung in zwölf gleich große Portionen teilen und zu Kugeln formen. Die Kugeln sanft zu 5 cm großen Talern flach drücken und auf das Blech legen. 10 Minuten backen, dann aus dem Ofen nehmen.

6 Das Öl in einer Pfanne erhitzen. Die Taler ins heiße Öl geben und bei mittlerer Hitze von jeder Seite 2–3 Minuten braten, bis sie gebräunt sind. In mehreren Chargen arbeiten, damit die Pfanne nicht zu voll ist. Aus der Pfanne heben und warm mit der Sauce servieren.

HERZHAFTE AUFLÄUFE & EINTÖPFE

KITCHARI MIT KAMUT

»Kitchari« bedeutet wörtlich übersetzt »Mischung« und bezeichnet ein indisches Gericht aus zwei oder mehr Getreidearten. Üblicherweise verwendet man Reis, doch diesem Rezept verleiht Kamut eine tolle Textur und mehr Biss.

3 PERSONEN · 10 MIN. + ÜBER NACHT EINWEICHEN + 2 STD. 10 MIN. GAREN

- 150 g gelbe Schälerbsen
- 100 g ungekochte Kamutkörner
- 1 EL Kokosöl oder Ghee
- 1 Stück Ingwer (5 cm), geschält und fein gehackt
- 2 TL gemahlene Kurkuma
- 2 TL gemahlener Kreuzkümmel
- 1 TL gemahlener Koriander
- ½ TL gemahlener Zimt
- Salz
- 1 Handvoll Koriandergrün zum Garnieren

1 Die Erbsen in einer großen Schüssel mit Wasser bedecken und 12 Stunden oder über Nacht einweichen. Den Kamut in einer zweiten Schüssel mit Wasser bedecken und über Nacht oder bis zu 8 Stunden einweichen. Erbsen und Kamut abgießen, unter fließendem Wasser abspülen, abtropfen und beiseitestellen.

2 Das Öl in einem großen Topf erhitzen. Ingwer, Kurkuma, Kreuzkümmel, Koriander und Zimt hineingeben und bei schwacher Hitze unter häufigem Rühren 1–2 Minuten anrösten.

3 Erbsen, Kamut und 1,5 l Wasser in den Topf geben, salzen und zum Kochen bringen. Teilweise abdecken und unter gelegentlichem Rühren 2 Stunden köcheln lassen, bis die Erbsen zerfallen sind und der Kamut zart und körnig ist. Mit Salz abschmecken. Vom Herd nehmen und mit Koriandergrün garniert heiß servieren.

ALTERNATIVEN

Ersetzen Sie den Kamut durch dieselbe Menge eines der folgenden Getreide:

Weizen

Dinkel

MAROKKANISCHER LAMM-EINTOPF MIT GRÜNKERN

Dieser leicht zuzubereitende, langsam gekochte Eintopf ist eine wärmende Kombination aus zartem Lammfleisch und cremigem Grünkern. Trockenobst verleiht diesem marokkanischen Gericht das gewisse Etwas.

2–3 PERSONEN · 10 MIN. + 2 STD. GAREN

- 1 EL Olivenöl
- 350 g Lammschulter (ohne Knochen), gewürfelt
- 100 g ungekochte Grünkernkörner
- 1 Dose gehackte Tomaten (400 g)
- 2 EL gemahlener Kreuzkümmel
- ¼ TL geriebener Ingwer
- ½ TL gemahlener Zimt
- ¼ TL Salz
- 100 g getrocknete Aprikosen, grob gehackt
- 3 EL gehacktes Koriandergrün

1 Den Backofen auf 180 °C vorheizen. Das Öl in einem großen Bräter erhitzen. Das Fleisch hineingeben und bei mittlerer Hitze unter gelegentlichem Rühren 5 Minuten rundum leicht anbräunen. Vom Herd nehmen.

2 Grünkern, Tomaten, Kreuzkümmel, Ingwer, Zimt und Salz hinzugeben und gut vermengen. 250 ml Wasser hinzugießen und unterrühren. Abdecken, in den Ofen schieben und 45 Minuten schmoren.

3 Aus dem Ofen nehmen und die Aprikosen unterheben. Dann wieder in den Ofen geben und 1 weitere Stunde garen, bis der Grünkern zart, aber noch bissfest und das Lammfleisch durchgegart ist. Bei Bedarf zwischendrin noch etwas mehr Wasser zugießen. Aus dem Ofen holen und in eine Servierschale geben. Mit Koriandergrün garnieren und heiß servieren.

ALTERNATIVEN

Dieses Gericht schmeckt auch mit Quinoa oder Hirse. Verwenden Sie dieselbe Menge Getreidekörner und reduzieren Sie die Wassermenge für beide Getreidesorten auf 200 ml. Wie beschrieben kochen.

RINDEREINTOPF AUF POLENTA

Dieser Eintopf ist eine Wohltat an kalten Tagen und wird auf Polenta serviert, die als sättigende Beilage dient. Die geschmorte Querrippe ist wunderbar zart und füllt die Küche mit verführerischen Düften.

4–6 PERSONEN · 10 MIN. + 3 STD. 25 MIN. GAREN

- 2 EL Mehl
- 1,35 kg Querrippe vom Rind (ohne Knochen), gewürfelt
- Salz und frisch gemahlener schwarzer Pfeffer
- 3 EL Sonnenblumenöl
- 500 ml Rotwein, z. B. Cabernet Sauvignon
- 600 ml Rinderbrühe
- 1 Zwiebel, gewürfelt
- 4 Knoblauchzehen, zerdrückt
- 4 Möhren, gewürfelt
- 3 rote Kartoffeln, gewürfelt
- 70 g braune Champignons, in Scheiben geschnitten
- 1 TL getrockneter Thymian
- ½ TL getrockneter Rosmarin
- ½ TL getrockneter Salbei
- 500 ml Milch
- 175 g Instant-Polenta
- 1 Handvoll frische Thymianzweige zum Garnieren
- 1 Handvoll Gartenkresse zum Garnieren

1 Das Mehl in eine flache Schale geben. Die Fleischstücke salzen, pfeffern und im Mehl wenden. Das Öl in einem Bräter erhitzen und das Fleisch bei mittlerer bis starker Hitze 5–6 Minuten rundum leicht anbräunen. Mit Wein ablöschen und zum Kochen bringen. Etwa 10 Minuten köcheln lassen, bis die Flüssigkeit auf die Hälfte einreduziert ist.

2 Die Brühe hinzugießen und aufkochen. Die Temperatur reduzieren, abdecken und 2–2½ Stunden köcheln lassen, bis das Fleisch zart ist. Hin und wieder die Messerprobe machen und Fett von der Oberfläche abschöpfen.

3 Zwiebel, 3 Knoblauchzehen, Möhren, Kartoffeln und Champignons hinzugeben und vermengen. Thymian, Rosmarin und Salbei einrühren. Mit ½ TL Salz und Pfeffer würzen. Weitere 40 Minuten schmoren, bis das Gemüse zart und durchgegart ist.

4 In der Zwischenzeit die Milch in einen Topf geben und mit Pfeffer und ¼ TL Salz würzen. 240 ml Wasser hinzugießen und zum Kochen bringen. Die Polenta unter ständigem Rühren einstreuen. Weiterrühren und bei schwacher Hitze 2 Minuten köcheln lassen, bis die Polenta gar ist und sich von der Topfwand löst. Den restlichen Knoblauch hinzugeben, mit Salz und Pfeffer abschmecken und gut durchrühren. Die Polenta in Schalen geben, den Eintopf darübergeben und mit Thymian und Kresse garnieren. Heiß servieren.

RATATOUILLE MIT EMMER & FETA

Eine Mischung aus mediterranem Gemüse, Tomatensauce und zartem Emmer verspricht zusammen mit würzigem Feta Genuss in jeder Jahreszeit.

4 PERSONEN • 10 MIN. + ÜBER NACHT EINWEICHEN + 1 STD. 30 MIN. GAREN

- 100 g ungekochte Emmerkörner
- 1 Aubergine, gewürfelt
- ½ TL Salz
- 2 rote oder orange Paprikaschoten, entkernt und in mundgerechte Stücke geschnitten
- 1 Zucchini, in mundgerechte Stücke geschnitten
- 1 rote Zwiebel, fein gehackt
- 1 EL Olivenöl
- 1 Dose gehackte Tomaten (400 g)
- 250 ml Gemüsebrühe
- ¼ TL getrockneter Rosmarin
- 1 Knoblauchzehe, fein gehackt
- 200 g Feta, zerkrümelt
- frisch gemahlener schwarzer Pfeffer
- 2 TL gehackte Basilikumblätter zum Servieren

1 Den Emmer in einer großen Schüssel mit Wasser bedecken und über Nacht oder bis zu 8 Stunden einweichen. Abgießen, unter fließendem Wasser abspülen und gut abtropfen lassen. Beiseitestellen.

2 Den Backofen auf 180 °C vorheizen. Die Auberginenwürfel in einem Sieb mit Salz bestreuen und mit einem Gewicht beschweren, damit Wasser und Bitterstoffe abtropfen können.

3 Paprika, Zucchini, Zwiebel und Aubergine in einen ofenfesten 2-l-Topf geben. Gleichmäßig verteilen und mit dem Öl beträufeln. Den Emmer hinzugeben und locker mit dem Gemüse vermengen.

4 Tomaten, Brühe, Rosmarin und Knoblauch in einer großen Schüssel vermengen. Die Mischung ebenfalls in den Topf geben und sorgfältig unterheben. Abdecken, in den Ofen schieben und 1 ¼ Stunden schmoren, bis das Gemüse zart und der Emmer gar ist.

5 Aus dem Ofen nehmen und mit dem Feta bestreuen. Ohne Deckel wieder in den Ofen geben und weitere 15 Minuten schmoren, bis der Feta zu bräunen beginnt. Aus dem Ofen nehmen, salzen und pfeffern. Mit Basilikum garnieren und heiß servieren.

RINDFLEISCH-DINKEL-EINTOPF

Perfekt: Dieses Gericht kann man einfach im Ofen schmoren lassen, während man anderweitig beschäftigt ist. Der Dinkel verleiht dem traditionellen Rindereintopf eine besonders nussige und körnige Textur.

4 PERSONEN • 15 MIN. + ÜBER NACHT EINWEICHEN + 2 STD. 45 MIN. GAREN

- 150 g ungekochte Dinkelkörner
- 2 EL Olivenöl
- 1 Zwiebel, fein gehackt
- 2 Stangen Staudensellerie, fein gehackt
- 2 Knoblauchzehen, fein gehackt
- 500 g Rindergulasch, gewürfelt
- 2 Möhren, in mundgerechte Stücke geschnitten
- 150 g Champignons, in Scheiben geschnitten
- 1 Dose gehackte Tomaten (400 g)
- 750 ml Rinderbrühe
- 1 TL getrockneter Salbei
- 1 TL getrockneter Thymian
- Salz und frisch gemahlener schwarzer Pfeffer

1 Den Dinkel in einer Schüssel mit reichlich Wasser bedecken und über Nacht oder bis zu 8 Stunden einweichen. Abgießen und unter fließendem Wasser abspülen. Abtropfen lassen und beiseitestellen.

2 Den Backofen auf 160 °C vorheizen. Das Öl in einer Pfanne erhitzen. Zwiebel, Sellerie und Knoblauch hineingeben und bei mittlerer bis starker Hitze 3 Minuten anbraten. Das Fleisch hinzugeben und unter ständigem Rühren 8–10 Minuten rundum kräftig anbräunen. Vom Herd nehmen.

3 Alles in einen 3-l-Bräter geben und Möhren, Champignons, Tomaten, Brühe, getrocknete Kräuter und Dinkel hinzugeben. Gründlich vermengen und in den Ofen schieben.

4 2½ Stunden schmoren, bis das Fleisch gar ist und Gemüse und Dinkel zart sind. Aus dem Ofen nehmen. Mit Salz und Pfeffer abschmecken und heiß servieren.

PAELLA MIT GRÜNKERN

Dieser unkomplizierte Eintopf ist ein schönes Alltagsessen, kann aber auch Gäste bei einer Dinnerparty beeindrucken.

4 PERSONEN • 15 MIN. + 1 STD. GAREN

- 4 Hähnchenschenkel (ca. 1,35 kg)
- Salz und frisch gemahlener schwarzer Pfeffer
- 1 TL geräuchertes Paprikapulver
- 1 TL Chiliflocken
- 250 g ungekochter Grünkern
- 350 ml Hühnerbrühe
- 120 ml trockener Weißwein
- 175 g Chorizo, gewürfelt
- 2 rote Paprikaschoten, entkernt und in Streifen geschnitten
- 1 rote Chilischote, entkernt und in dünne Ringe geschnitten
- 1 Zwiebel, in dünne Streifen geschnitten
- 5 Knoblauchzehen, zerdrückt
- Saft von ½ Zitrone
- 1 EL grob gehackte glatte Petersilie zum Garnieren

1 Den Backofen auf 200 °C vorheizen. Die Hähnchenschenkel mit der Haut nach oben auf eine saubere Fläche legen und großzügig salzen und pfeffern, dann mit geräuchertem Paprikapulver und Chiliflocken einreiben.

2 Grünkern, Brühe und Wein in einen Bräter geben. Chorizo, Paprika, Chili, Zwiebel und Knoblauch hinzugeben und die Hähnchenschenkel darauflegen. Abdecken und in den Ofen schieben.

3 35 Minuten schmoren, dann den Deckel abnehmen und weitere 20 Minuten schmoren. Den Backofengrill einschalten und unter Sicht 5–10 Minuten grillen, bis die Hähnchenschenkel gebräunt sind. Aus dem Ofen nehmen und mit Zitronensaft beträufeln. Mit Petersilie garnieren und heiß servieren.

AUFLAUF MIT HÄHNCHEN, BROKKOLI & BULGUR

Hähnchen und eine cremige Käsesauce vereinen sich mit Bulgur zu einem wärmenden Auflauf.

4 PERSONEN • 20 MIN. + ABKÜHLEN + 30 MIN. GAREN

- 40 g Butter
- 20 g Mehl
- 750 ml Milch
- 2 TL Senfpulver
- Salz und frisch gemahlener schwarzer Pfeffer
- 225 g reifer Cheddar, gerieben
- 200 g gekochter Bulgur (s. S. 22)
- 225 g gekochte Hähnchenbrust, gewürfelt
- 1 kleiner Brokkoli, in Röschen geteilt
- 60 g geräucherter Gouda, gerieben

1 Den Backofen auf 190 °C vorheizen. Die Butter bei mittlerer Hitze in einem Topf zerlassen. Das Mehl hinzugeben und 3 Minuten anschwitzen. Die Milch einrühren und mit dem Schneebesen verquirlen. Aufkochen und unter ständigem Rühren köcheln lassen, bis die Milch leicht andickt.

2 Vom Herd nehmen und das Senfpulver dazugeben, salzen und pfeffern. Nach und nach den Cheddar einrühren, bis er völlig geschmolzen ist. Dann Bulgur, Hähnchenfleisch und Brokkoli hinzugeben und unterrühren, bis alles gleichmäßig vermischt ist.

3 Die Bulgur-Brokkoli-Mischung in eine Auflaufform geben und gleichmäßig verteilen. Mit dem Gouda bestreuen und 15–20 Minuten backen, bis am Rand Blasen aufsteigen. Aus dem Ofen nehmen und etwas abkühlen lassen. Warm servieren.

GRÜNES THAI-CURRY MIT HÄHNCHEN, HIRSE & KÜRBIS

Ein cremiges Thai-Curry aus zartem Hähnchen und süßem Butternusskürbis wird mit locker-körniger Hirse zu einer sättigenden, vollwertigen Mahlzeit.

4 PERSONEN · 15–20 MIN. + 40 MIN. GAREN

- 1 EL Kokos- oder Olivenöl
- 4 EL grüne Thai-Currypaste
- 1 Stück Ingwer (5 cm), geschält und gerieben
- 400 g Hähnchenschenkel (ohne Knochen), gewürfelt
- 400 ml Kokosmilch
- 600 ml Hühnerbrühe
- 1 kleiner Butternusskürbis, geschält, entkernt und in mundgerechte Stücke geschnitten
- 200 g ungekochte Hirse
- Salz und frisch gemahlener schwarzer Pfeffer
- 1 Handvoll Koriandergrün zum Garnieren

1 Das Öl in einem großen Topf erhitzen. Currypaste und Ingwer hineingeben und bei mittlerer bis starker Hitze unter Rühren 1 Minute anrösten. Das Hähnchenfleisch hinzugeben und unter häufigem Rühren 5 Minuten leicht bräunen.

2 Kokosmilch, Brühe, Kürbis und Hirse hinzugeben. Gründlich unterrühren, dann die Temperatur reduzieren. Abdecken und 30 Minuten köcheln lassen, bis das Fleisch gar ist und Hirse und Kürbis weich sind. Mit Salz und Pfeffer abschmecken. Vom Herd nehmen, mit Koriandergrün garnieren und heiß servieren.

ALTERNATIVEN

Dieses Gericht schmeckt statt mit Hirse auch mit **Quinoa.** Nehmen Sie dieselbe Menge und bereiten Sie sie wie die Hirse zu.

Auch locker ...

Statt des Butternusskürbis können Sie auch einen kleinen **Hokkaido-Kürbis** verwenden und statt mit Koriander mit **Rucola** garnieren.

MEERESFRÜCHTE-EINTOPF MIT QUINOA

Dieser Meeresfrüchte-Eintopf ist einfach zu kochen und sehr lecker. Variieren Sie ihn je nach Region und Saison mit unterschiedlichen Arten von Meeresfrüchten.

4 PERSONEN • 15 MIN. + ABKÜHLEN + 55 MIN. GAREN

- 175 g ungekochte Quinoa
- Salz
- 5 EL natives Olivenöl extra
- 1 Zwiebel, in dünne Streifen geschnitten
- 1 Fenchelknolle, in dünne Streifen geschnitten
- 1 große Kartoffel, in 1 cm große Würfel geschnitten
- 6 Knoblauchzehen, in dünne Scheiben geschnitten
- 175 g Chorizo, gewürfelt
- 120 ml trockener Weißwein
- 1 EL Tomatenmark
- 1 Prise Safran
- 1 Dose gehackte Tomaten (400 g)
- 750 ml Hühnerbrühe
- ¼ TL Chiliflocken
- 1 TL Zitronensaft, plus Zitronensaft zum Servieren
- 1 TL abgeriebene Schale von 1 Bio-Zitrone
- 350 g fester Weißfisch, wie Heilbutt
- 225 g Garnelen, ausgelöst
- 225 g Venusmuscheln
- 225 g Miesmuscheln
- 1 Handvoll glatte Petersilie

1 Die Quinoa unter fließendem Wasser abspülen und in einen großen Topf geben. Mit 500 ml Wasser bedecken, mit 1 Prise Salz würzen und zum Kochen bringen. Die Temperatur reduzieren und 15 Minuten gar köcheln lassen. Vom Herd nehmen, abgießen und etwas abkühlen lassen.

2 Für den Eintopf 3 EL Öl in einem großen Topf erhitzen. Zwiebel, Fenchel und Kartoffel hineingeben und bei mittlerer Hitze unter häufigem Rühren 10 Minuten anschwitzen, bis Zwiebel und Fenchel glasig sind und zu bräunen beginnen. Dann die Hälfte des Knoblauchs hineingeben und weitere 2 Minuten anschwitzen.

3 Die Chorizo hinzugeben und unter häufigem Rühren 3 Minuten anbraten. Mit dem Wein ablöschen und reduzieren. Tomatenmark und Safran einrühren. Tomaten und Brühe hinzugeben und zum Kochen bringen. Die Temperatur reduzieren und 20 Minuten köcheln lassen, bis die Flüssigkeit reduziert und die Kartoffel gar ist.

4 In der Zwischenzeit das restliche Öl in einer großen Pfanne erhitzen. Die Chiliflocken und den restlichen Knoblauch hineingeben und bei mittlerer Hitze unter Rühren 2 Minuten anrösten, bis der Knoblauch duftet. Die Quinoa hinzugeben und unterrühren, bis sie rundum mit Öl benetzt ist. Vom Herd nehmen, mit Zitronensaft beträufeln und vermischen, dann warm stellen.

5 Sobald die Kartoffeln gar sind, Zitronenschale und Fisch in den Eintopf geben und weitere 2–3 Minuten garen. Dann Garnelen und Muscheln hinzufügen und abdecken, bis die Garnelen gar sind und Venusmuscheln und Miesmuscheln sich geöffnet haben. Nicht geöffnete Muscheln wegwerfen. Die Quinoa in eine große Schüssel füllen, die Meeresfrüchte darauf anrichten und mit Zitronensaft beträufeln. Den Eintopf mit Petersilie garnieren und sofort servieren.

GELBES THAI-CURRY MIT KÜRBIS & HIRSE

Dieses Curry ist ideal für Veganer und kombiniert Kürbis und Hirse mit frischen thailändischen Aromen zu einem herzhaften, wärmenden Abendessen, das sich perfekt für kalte Herbst- und Wintertage eignet.

4–6 PERSONEN · 10 MIN. – 40 MIN. GAREN

- 1 EL Kokos- oder Sonnenblumenöl
- 3 EL gelbe Thai-Currypaste
- 1 Zwiebel, fein gehackt
- 1 Hokkaido-Kürbis (ca. 800 g), in mundgerechte Stücke geschnitten
- 400 ml Kokosmilch
- 300 ml Gemüsebrühe
- 200 g ungekochte Hirse
- 1 Dose Kichererbsen (400 g), abgetropft
- Salz und frisch gemahlener schwarzer Pfeffer
- 4 EL gehacktes Koriandergrün zum Garnieren
- 2 Limetten, in Spalten geschnitten

1 Das Öl in einem großen Topf erhitzen. Currypaste und Zwiebel hineingeben und bei mittlerer Hitze unter häufigem Rühren 2 Minuten anschwitzen. Dann Kürbis, Kokosmilch, Brühe und Hirse in den Topf geben und zum Köcheln bringen. Abdecken und etwa 30 Minuten köcheln lassen.

2 Die Kichererbsen in den Topf geben und weitere 5 Minuten garen, bis der Kürbis weich ist. Mit Salz und Pfeffer abschmecken. Den Topf vom Herd nehmen. Mit Koriandergrün garnieren und sofort mit den Limettenspalten servieren.

ALTERNATIVEN

Zur Abwechslung können Sie statt der Hirse dieselbe Menge **Quinoa** verwenden.

Auch lecker …

Ersetzen Sie den Hokkaidokürbis durch **Butternusskürbis** und garnieren Sie mit **glatter Petersilie** statt mit Koriander.

PIKANTER HÄHNCHEN-SORGHUM-EINTOPF

Wenn von einem Brathähnchen noch viel Fleisch übrig ist, kommt dieser Eintopf gerade recht. Seine Schärfe erhält er von der Chorizo. Wie aromatisch er wird, hängt davon ab, ob Sie frische oder geräucherte Chorizo verwenden.

4 PERSONEN • 15 MIN. + 1 STD. 40 MIN. GAREN

- 100 g ungekochtes Sorghum
- Salz und frisch gemahlener schwarzer Pfeffer
- 3 EL Sonnenblumenöl
- 175 g Chorizo, gewürfelt
- 1 Zwiebel, gewürfelt
- 3 scharfe rote Kirschpaprika, entkernt und gewürfelt
- 2 Stangen Staudensellerie, gewürfelt
- 2 Möhren, gewürfelt
- 3 Knoblauchzehen, zerdrückt
- 1 EL Tomatenmark
- 3 EL Mehl
- 1 l Hühnerbrühe
- 1 Lorbeerblatt
- 450 g Brathähnchenfleisch, klein gezupft
- 2 Frühlingszwiebeln, in dünne Ringe geschnitten
- 1 EL grob gehackte glatte Petersilie

1 Das Sorghum in einem Topf mit 750 ml Wasser bedecken, 1 Prise Salz einrühren und zum Kochen bringen. Die Temperatur reduzieren, abdecken und 45 Minuten köcheln lassen, bis das Wasser fast vollständig aufgenommen ist. Vom Herd nehmen und abgedeckt 10 Minuten ruhen lassen. Dann das Restwasser abgießen und das Sorghum beiseitestellen.

2 In der Zwischenzeit das Öl in einem großen Suppentopf erhitzen. Die Chorizo hineingeben und bei mittlerer Hitze unter häufigem Rühren 2–3 Minuten leicht anbraten. Dann Zwiebel, Paprika, Sellerie und Möhren hinzugeben und unter häufigem Rühren 8–10 Minuten anrösten, bis das Gemüse weich ist.

3 Knoblauch und Tomatenmark hinzugeben und unter häufigem Rühren 2 Minuten garen. Mit ½ TL Salz und einer guten Portion Pfeffer würzen. Das Mehl einrühren und unter ständigem Rühren 2–3 Minuten anschwitzen.

4 Brühe und Lorbeerblatt hinzugeben und aufkochen. Die Temperatur reduzieren und 10 Minuten köcheln lassen. Das Lorbeerblatt herausnehmen und wegwerfen. Hähnchen und Sorghum einrühren und den Eintopf 20–30 Minuten garen, bis er andickt. Vom Herd nehmen. Mit Frühlingszwiebeln und Petersilie garnieren und heiß servieren.

SOMMERLICHER BOHNEN-EINTOPF MIT WEIZEN

Dieser Eintopf aus zwei Bohnensorten und Weizen ergibt eine wunderbar sättigende Mahlzeit. Er schmeckt köstlich alleine, passt aber auch gut als Beilage zu Gegrilltem wie beispielsweise Lammkoteletts.

4 PERSONEN • 15 MIN. + ÜBER NACHT EINWEICHEN + 55 MIN. GAREN

- 100 g ungekochte Weizenkörner
- 1 EL Olivenöl
- 1 Zwiebel, fein gehackt
- 2 Knoblauchzehen, fein gehackt
- 2 Stangen Staudensellerie, fein gehackt
- 2 gelbe oder rote Paprikaschoten, entkernt und gewürfelt
- 1 Zucchini, gewürfelt
- 500 ml Gemüsebrühe
- 1 Dose weiße Bohnen (400 g), abgetropft
- 1 Dose Borlotti-Bohnen (400 g), abgetropft
- 1 Dose gehackte Tomaten (400 g)
- 2 TL italienische Kräuter
- Salz und frisch gemahlener schwarzer Pfeffer
- 1 Handvoll Basilikumblätter zum Garnieren

1 Den Weizen in einem großen Topf mit Wasser bedecken und über Nacht oder mindestens 8 Stunden einweichen. Abgießen, unter fließendem Wasser abspülen und abtropfen lassen. Beiseitestellen.

2 Das Öl in einem großen Suppentopf erhitzen. Zwiebel und Knoblauch hineingeben und 3 Minuten anschwitzen, bis die Zwiebel glasig ist. Den Sellerie hinzufügen und 2 Minuten anbraten. Paprika und Zucchini dazugeben und unter häufigem Rühren 3 Minuten anschwitzen.

3 Mit der Brühe ablöschen, dann den Weizen, beide Bohnensorten und Tomaten einrühren und mit den Kräutern würzen. Sorgfältig umrühren und die Temperatur reduzieren. Abdecken und 45 Minuten köcheln lassen, bis Gemüse und Weizen gar sind. Mit Salz und Pfeffer abschmecken. Vom Herd nehmen, mit Basilikum garnieren und heiß servieren.

ALTERNATIVEN

Der Eintopf schmeckt mit anderen Getreidesorten genauso gut. Ersetzen Sie den Weizen durch eines der folgenden Getreide und bereiten Sie es wie beschrieben zu.

Auch lecker ...

Nehmen Sie **4–6 Stangenbohnen** statt der Zucchini oder der Paprikaschoten und garnieren sie mit einer Handvoll **Erbsensprossen** statt mit Basilikum.

COWBOY-CHILI MIT QUINOA

Diese moderne Version des amerikanischen Südstaaten-Klassikers überzeugt durch kräftige Tex-Mex-Aromen und die nussige Textur der Quinoa. Einfach in der Zubereitung, und dennoch schön deftig und sättigend.

4–6 PERSONEN • 15 MIN. + 1 STD. 10 MIN. GAREN

- 1 EL Olivenöl
- 1 Zwiebel, fein gehackt
- 500 g mageres Rinderhack
- 35 g Taco-Gewürz
- 150 g ungekochte Quinoa, gewaschen
- 1 rote Paprikaschote, entkernt und in mundgerechte Stücke geschnitten
- 1 Dose gehackte Tomaten (400 g)
- 500 ml Rinderbrühe
- 1 EL Tomatenmark
- 1 Dose schwarze Bohnen (400 g), abgetropft
- Salz und frisch gemahlener schwarzer Pfeffer
- 1 Handvoll Koriandergrün, grob gehackt, zum Garnieren
- 4–6 EL saure Sahne zum Servieren

1 Den Backofen auf 180 °C vorheizen. Das Öl in einem großen Bräter erhitzen. Die Zwiebel hineingeben und bei mittlerer Hitze 5 Minuten glasig anschwitzen. Das Fleisch hinzugeben und unter häufigem Rühren 5 Minuten anbraten. Mit dem Taco-Gewürz würzen und weitere 2 Minuten braten.

2 Die Quinoa in den Bräter geben und sorgfältig unterheben. Paprika, Tomaten, Brühe und Tomatenmark hinzugeben und gut vermengen. Abdecken und 30 Minuten im Backofen garen. Aus dem Ofen nehmen und durchrühren, damit das Chili nicht am Boden ansetzt. Weitere 15 Minuten zum Garen in den Ofen geben.

3 Den Bräter aus dem Ofen nehmen und die Bohnen hineingeben. Gründlich durchrühren und das Chili weitere 15 Minuten im Backofen garen, bis die Paprika weich und die Quinoa gar ist. Aus dem Ofen nehmen und mit Salz und Pfeffer abschmecken. Mit Koriandergrün garnieren und heiß mit saurer Sahne servieren.

ALTERNATIVEN

Ersetzen Sie die Quinoa zur Abwechslung durch dieselbe Menge **Hirse.**

Auch lecker ...

Sie können die schwarzen Bohnen auch durch dieselbe Menge **Kidneybohnen** ersetzen.

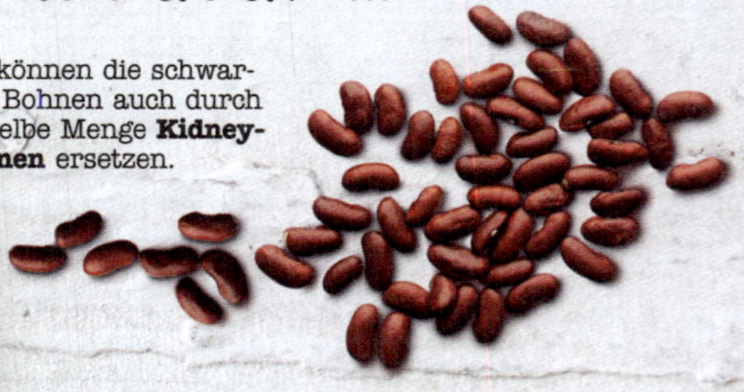

LINSEN-BULGUR-KORMA

Die Korma-Paste verleiht diesem veganen Curry seine milde Schärfe, Kokosmilch und Bulgur sorgen für eine wunderbar cremige Konsistenz.

4 PERSONEN · 5 MIN. + 40 MIN. GAREN

- 1 EL Kokosöl
- 1 Zwiebel, fein gehackt
- 4 EL Korma-Currypaste
- 100 g ungekochter Bulgur
- 100 g rote Linsen
- 400 ml Kokosmilch
- 500 ml Gemüsebrühe
- 200 g Blumenkohl, in Röschen geteilt
- 1 Handvoll Koriandergrün zum Garnieren

1 Das Öl in einem Topf erhitzen und die Zwiebeln bei mittlerer Hitze unter häufigem Rühren 5 Minuten glasig anschwitzen. Dann die Korma-Paste hinzugeben und unter ständigem Rühren 1 Minute anrösten. Bulgur, Linsen, Kokosmilch, Brühe und Blumenkohl hineingeben und alles gründlich verrühren.

2 Die Temperatur reduzieren und unter häufigem Rühren 30 Minuten köcheln lassen, bis Bulgur und Blumenkohl gar sind und das Curry eine dicke, cremige Konsistenz hat. Vom Herd nehmen, mit Koriandergrün garnieren und heiß servieren.

GRÜNKERN-JAMBALAYA

Diese Variante des Cajun-Klassikers ersetzt den traditionellen Reis durch Grünkern, ist aber ebenso herzhaft und sättigend.

4 PERSONEN · 5 MIN. + 50 MIN. GAREN

- 500 g Garnelen, geschält und entdarmt
- 230 g Andouille oder Chorizo, in 5 mm dünne Scheiben geschnitten
- 500 g rote Kartoffeln, in 2,5 cm große Würfel geschnitten
- 1 EL Cajun-Gewürz
- 2 Dosen gehackte Tomaten (800 g)
- 300 g ungekochter Grünkern
- Salz und frisch gemahlener schwarzer Pfeffer

1 Den Backofen auf 200 °C vorheizen. Garnelen, Wurst und Kartoffeln in einer großen Backform verteilen, mit dem Cajun-Gewürz bestreuen und gründlich vermengen. Die Tomaten darübergeben und im Backofen 40–50 Minuten schmoren, bis die Kartoffeln gar sind. Zwischendurch zweimal umrühren.

2 In der Zwischenzeit den Grünkern in einem großen Topf mit 1,2 l Wasser bedecken und zum Kochen bringen. Die Temperatur reduzieren, abdecken und 20–25 Minuten köcheln lassen. Vom Herd nehmen und das Restwasser abgießen.

3 Den Grünkern in eine große Schüssel geben. Die Garnelen-Wurst-Mischung hinzugeben und sorgfältig vermischen. Mit Salz und Pfeffer abschmecken und sofort servieren.

RINDFLEISCH-CHIPOTLE-CHILI

Eine weitere leckere Variante des klassisch texanischen Chilis – hier mit Rindfleisch und Hirse. Die Chipotles sorgen für reichlich Schärfe, die man mit einem Löffel saurer Sahne aber wieder mildern kann.

4 PERSONEN · 30 MIN. + 1 STD. 10 MIN. GAREN

- 1–2 EL Olivenöl
- 450 g mageres Rinderhack
- 450 g Rindergulasch
- 1 Zwiebel
- 3 Knoblauchzehen
- 1 Chipotle-Chili in Adobo, plus 1 EL Adobo-Sauce zusätzlich
- 500 g passierte Tomaten
- 1 Dose gehackte Tomaten (400 g)
- 170 g Tomatenmark
- 1 EL Chilipulver
- 2 TL Kreuzkümmel
- 50 g ungekochte Hirse
- Salz und frisch gemahlener schwarzer Pfeffer
- 1 Handvoll Koriandergrün zum Garnieren (nach Geschmack)

1 Das Öl in einem großen Bräter erhitzen. Das Fleisch hineingeben und bei mittlerer Hitze unter ständigem Rühren 5 Minuten rundum anbraten. Überschüssiges Fett abgießen. Zwiebel, Knoblauch und Chili mit der Sauce im Mixer fast glatt pürieren. Die Sauce in den Bräter geben und gut vermengen. Unter häufigem Rühren weitere 5 Minuten kochen.

2 Passierte und gehackte Tomaten, Tomatenmark, Chilipulver, Kreuzkümmel und 60 ml Wasser in den Bräter geben und gut umrühren. Die Temperatur reduzieren, bis alles schwach köchelt, und 45 Minuten köcheln lassen. Währenddessen mehrfach umrühren. Falls das Chili ansetzt, etwas Wasser nachgießen.

3 In der Zwischenzeit die Hirse unter fließendem Wasser abspülen, abtropfen lassen und in einen kleinen Topf geben. Mit 170 ml Wasser bedecken und zum Kochen bringen. Die Temperatur reduzieren, abdecken und 15 Minuten köcheln lassen. Dann vom Herd nehmen.

4 Die Hirse mit dem verbleibenden Wasser in den Bräter geben und gründlich unterheben. Abdecken und weitere 15–20 Minuten garen. Vom Herd nehmen und mit Salz und Pfeffer abschmecken. Das Chili mit Koriander garnieren und heiß servieren.

DALIA MIT BULGUR

»Dalia« ist die indische Bezeichnung für ein leicht bekömmliches Gericht aus Gemüse und Getreide.

6 PERSONEN • 10 MIN. + 1 STD. GAREN

- 1 EL Olivenöl
- 1 Zwiebel, fein gehackt
- 1½ TL gemahlene Kurkuma
- 2 Stangen Staudensellerie, in kleine Stücke geschnitten
- 1 Möhre, in kleine Stücke geschnitten
- 200 g Kartoffeln, in 2 cm große Würfel geschnitten
- 150 g Blumenkohl, in Röschen geteilt
- 200 g ungekochter Bulgur
- 150 g rote Linsen
- 1,5 l Gemüsebrühe
- Salz und frisch gemahlener schwarzer Pfeffer
- 6 EL grob gehackte Korianderblätter zum Garnieren

1 Das Öl in einem großen Suppentopf erhitzen und die Zwiebel bei mittlerer Hitze 5 Minuten anschwitzen. Die Kurkuma hinzugeben und unter häufigem Rühren 1 Minute anrösten. Sellerie, Möhre, Kartoffeln und Blumenkohl hinzugeben, sorgfältig umrühren und 1 Minute garen.

2 Bulgur, Linsen und Brühe in den Topf geben und gut durchrühren. Die Temperatur reduzieren, abdecken und 50 Minuten köcheln lassen, bis das Gemüse und der Bulgur gar sind. Mit Salz und Pfeffer abschmecken, erneut umrühren und dann vom Herd nehmen. Mit Koriander garnieren und heiß servieren.

RINDFLEISCH-GEMÜSE-EINTOPF

Ein deftiges Gericht, dessen Zubereitung der Backofen für Sie übernimmt.

6 PERSONEN • 20 MIN. + 2 STD. 30 MIN. GAREN

- 4 EL Mehl
- Salz und frisch gemahlener schwarzer Pfeffer
- 550 g Rindergulasch
- 1 Zwiebel, gewürfelt
- 2 festkochende Kartoffeln, gewürfelt
- 3 Möhren, gewürfelt
- 6 Knoblauchzehen, geröstet und zerdrückt
- 80 g ungekochte Kamutkörner
- 1 l Rinderbrühe
- 250 ml Rotwein

1 Den Backofen auf 160 °C vorheizen. Das Mehl in einer flachen Schüssel mit Salz und Pfeffer mischen und das Fleisch darin wenden, sodass es rundum mehliert ist.

2 Fleisch, Zwiebel, Kartoffeln, Möhren, Knoblauch und Kamut in einen großen Bräter geben und sorgfältig vermengen. Rinderbrühe und Rotwein hinzufügen. Den Bräter in den Ofen schieben und den Eintopf etwa 2½ Stunden schmoren, bis das Fleisch zart ist. Aus dem Ofen nehmen. Mit Salz und Pfeffer abschmecken und heiß servieren.

WEISSE-BOHNEN-AMARANT-CHILI

In diesem vegetarischen Chili sorgt Amarant für ein herzhaftes Aroma. Das Getreide macht das Chili wunderbar sämig und gibt ihm zusammen mit den Cannellini-Bohnen seine erdige Note.

4 PERSONEN • 10 MIN. + 40 MIN. GAREN

- 3 EL Traubenkernöl
- 3 Zwiebeln, gewürfelt
- 2 Poblano-Chilis, entkernt und gewürfelt
- 6 Knoblauchzehen, zerdrückt
- 2 Dosen Cannellini-Bohnen (à 425 g)
- 20 g Korianderblätter, gehackt, plus Korianderblätter zum Garnieren
- 1 EL getrockneter Oregano
- ¼ TL Cayennepfeffer
- ½ TL gemahlener Kreuzkümmel
- Salz und frisch gemahlener schwarzer Pfeffer
- 750 ml Gemüsebrühe
- 250 ml Milch
- 50 g ungekochter Amarant
- 475 g saure Sahne oder griechischer Joghurt, plus saure Sahne oder griechischer Joghurt zum Servieren

1 Das Öl in einem großen Topf erhitzen und Zwiebeln und Chilis bei mittlerer Hitze unter gelegentlichem Rühren 5 Minuten anschwitzen, bis die Zwiebeln glasig sind. Dann den Knoblauch hineingeben und weitere 2 Minuten anschwitzen.

2 Bohnen, Koriander, Oregano, Cayennepfeffer und Kreuzkümmel in den Topf geben und mit ¼ TL Salz würzen. Sorgfältig vermengen und 1 Minute garen. Dann Brühe, Milch und Amarant hinzugeben. Umrühren und zum Kochen bringen.

3 Die Temperatur reduzieren und etwa 30 Minuten köcheln lassen, bis die Flüssigkeit reduziert ist und das Chili andickt. Die saure Sahne einrühren. Vom Herd nehmen und mit Salz und Pfeffer abschmecken. Das Chili mit Koriander und einem Klecks saurer Sahne garnieren und warm servieren.

ROTE-BETE-LINSEN-SCHMORTOPF MIT EMMER

Rote Bete und Linsen sind eine himmlische Kombination. Das gilt umso mehr, wenn sie in Rotwein geschmort werden – am besten in dem Wein, den Sie auch zum Essen trinken.

4 PERSONEN · 30 MIN + ÜBER NACHT EINWEICHEN + KÜHLEN + 1 STD. 20 MIN. GAREN

- 150g ungekochte Emmerkörner
- 3 EL Olivenöl
- 1 Knoblauchzehe, in Scheiben geschnitten
- Salz und schwarzer Pfeffer
- 250g griechischer Joghurt, plus Joghurt zum Servieren
- Saft und abgeriebene Schale von 1 Bio-Zitrone
- 1 Knoblauchzehe, zerdrückt
- 1 EL natives Olivenöl extra
- 1 Handvoll glatte Petersilie

FÜR DAS LINSENGEMÜSE

- 1 Zwiebel, in dünne Streifen geschnitten
- 3 Knoblauchzehen, zerdrückt
- 3 große Rote Bete, geschält und in 3cm große Stücke geschnitten
- 2 Möhren, in 2,5cm große Stücke geschnitten
- 2 TL Tomatenmark
- 100g schwarze Belugalinsen
- 200ml Rotwein
- 250ml Gemüsebrühe
- je 1 Zweig Rosmarin und Thymian
- 1 Lorbeerblatt

1 Den Emmer in einer großen Schüssel mit Wasser bedecken und über Nacht oder bis zu 12 Stunden einweichen. Abgießen, abspülen und gut abtropfen lassen.

2 1 EL Olivenöl in einem Topf erhitzen und Emmer und Knoblauchscheiben hineingeben. Salzen und bei mittlerer Hitze unter gelegentlichem Rühren 5 Minuten anrösten. Mit 900ml Wasser bedecken und zum Kochen bringen. Die Temperatur reduzieren und 25–30 Minuten köcheln lassen, bis der Emmer gar ist. Abgießen, unter fließendem Wasser abspülen und abtropfen lassen. Beiseitestellen.

3 Das restliche Olivenöl für das Linsengemüse in einem großen Topf erhitzen und die Zwiebel 2–3 Minuten glasig anschwitzen. Dann Knoblauch, Rote Bete und Möhren hinzugeben und kräftig pfeffern. Unter gelegentlichem Rühren 5–10 Minuten anbraten. Das Tomatenmark hinzugeben, den Topf abdecken und weitere 1–2 Minuten anbraten, dann gut umrühren.

4 Die Linsen waschen und abtropfen lassen. Mit Wein, Brühe, Rosmarin, Thymian und Lorbeerblatt in den Topf geben und zum Kochen bringen. Die Temperatur reduzieren, abdecken und 25 Minuten köcheln lassen, bis Linsen und Gemüse gar sind. Mit Salz abschmecken und weitere 5–10 Minuten kochen. Vom Herd nehmen und Rosmarin, Thymian und Lorbeerblatt wegwerfen.

5 Joghurt, 1 EL Zitronensaft und 1 TL Zitronenschale, zerdrückten Knoblauch und natives Olivenöl extra in eine Schüssel geben. Die Petersilie fein hacken und hinzugeben. Mit 1 Prise Salz würzen und verrühren. Mit Frischhaltefolie abgedeckt 15 Minuten im Kühlschrank kalt stellen. Zum Servieren den Emmer auf vier Teller verteilen und das Rote-Bete-Linsengemüse darübergeben. Mit einem Klecks Joghurt garnieren und servieren.

SÜSSE VERFÜHRUNGEN

SORGHUM-POPCORN-BÄLLCHEN

MIT SALZKARAMELL

Ahornsirup, Pekannüsse und gepopptes Sorghum verwandeln den beliebten Snack in eine nährstoffreiche, süß-salzige Leckerei.

12 STCK. · 15 MIN. + ABKÜHLEN + 20 MIN. GAREN

- 100 g ungekochtes Sorghum
- 1 EL Pflanzenöl
- 75 g Maiskörner
- 100 g Pekannüsse, grob gehackt

FÜR DEN KARAMELL

- 125 ml Ahornsirup
- 30 g Butter
- 1 TL Apfelessig
- ½ TL Salz

1 Einen Topf 5–10 Minuten erhitzen. Die Hälfte des Sorghums bei mittlerer Hitze hineingeben und abdecken. Regelmäßig schwenken, bis die Körner poppen. Vom Herd nehmen, sobald nichts mehr zu hören ist. Mit dem restlichen Sorghum wiederholen. Das Popcorn in eine große Schüssel geben und abkühlen lassen.

2 Die Temperatur auf mittlere bis starke Hitze erhöhen und Öl in den Topf geben. Ein Drittel der Maiskörner ins heiße Öl geben, abdecken und schwenken, damit sie besser poppen. Das Popcorn herausheben und mit dem restlichen Mais wiederholen. Vom Herd nehmen und den gepoppten Mais zum Sorghum geben. 5 Minuten abkühlen lassen. Ungepoppte Körner aus dem Popcorn sammeln. Die Pekannüsse hinzugeben und gut untermischen.

3 Für den Karamell eine Pfanne erhitzen. Sirup, Butter, Essig und 60 ml Wasser hineingeben und zum Kochen bringen. Dann die Temperatur reduzieren und unter gelegentlichem Rühren 10 Minuten köcheln lassen, bis ein zähflüssiger Karamell entstanden ist. Darauf achten, dass der Karamell nicht spritzt, da er sehr heiß ist.

4 Vom Herd nehmen und 2 Minuten abkühlen lassen. Das Salz einrühren. Den Karamell über das Nuss-Popcorn geben, gut vermengen und abkühlen lassen. Sobald es kühl genug ist, das Popcorn mit den Händen zu 12 Bällchen formen und auf einem Backblech aushärten lassen. Luftdicht verpackt aufbewahren.

ERDBEER-POLENTA-KÜCHLEIN

Diese Küchlein sind eine leckere Variante des traditionellen Shortcake. Das himmlische Sommerdessert mit seinen reifen und süßen Erdbeeren ist mit den Polentatalern doppelt köstlich.

6 PERSONEN · 30 MIN. + 40 MIN. BACKEN

- 200 g Polenta
- 2 EL Olivenöl
- 40 g Zucker
- Mark von ½ Vanilleschote
- 300 g Sahne
- 500 g Erdbeeren
- 20 g Puderzucker

1 Den Backofen auf 190 °C vorheizen. Zwei Backbleche mit Backpapier auslegen und beiseitestellen. 1 l Wasser in einem großen Topf zum Kochen bringen. Die Polenta hineingeben und unter ständigem Rühren 2–3 Minuten kochen, bis sie angedickt ist. Vom Herd nehmen und etwa 2 Minuten abkühlen lassen.

2 Öl, Zucker und Vanillemark hinzugeben und sorgfältig unterrühren. Die Polenta auf die Backbleche verteilen und 5 mm dick verstreichen. Die Backbleche in den Ofen geben und 30 Minuten backen, bis die Polenta biskuitartig ist und sich elastisch fest anfühlt. Die Platten sollten sich leicht vom Papier lösen lassen. Aus dem Ofen nehmen und abkühlen lassen.

3 Die abgekühlten Polentaplatten auf eine saubere Arbeitsfläche legen und mit dem Plätzchenausstecher zwölf 8 cm große Kreise ausstechen. Die Sahne in einer großen Schüssel steif schlagen. Ein Drittel der Erdbeeren in eine Schüssel geben und mit dem Gabelrücken zerdrücken. Sorgfältig mit der Hälfte des Puderzuckers vermengen. Die restlichen Erdbeeren in dünne Scheiben schneiden.

4 Für die Polenta-Küchlein je einen Polentataler auf sechs Teller legen. Darauf jeweils 1 EL Sahne, 1 EL gezuckerte Erdbeeren und ein paar Erdbeerscheiben anrichten. Die restlichen Polentataler darauflegen und mit Küchenpapier vorsichtig trocken tupfen. Mit Puderzucker bestäuben und sofort servieren.

ZIEGEN-CHEESECAKE MIT MANDEL-AMARANT-BODEN

Dieser cremige Cheesecake mit seinem vollwertigen Boden aus Amarant und knusprigen Mandeln ist nichts für Ungeduldige: Er ist schnell und ganz einfach zubereitet, doch bis man ihn probieren darf, muss er auf Zimmertemperatur abgekühlt sein.

8–12 PERSONEN • 10 MIN. + ABKÜHLEN + 55 MIN. BACKEN

- Butter zum Einfetten
- 600 g Ziegenfrischkäse, glatt gerührt
- 225 g Doppelrahmfrischkäse, glatt gerührt
- 150 g Rohrzucker
- 225 g griechischer Joghurt
- Mark von 1 Vanilleschote
- 4 Eier

FÜR DEN BODEN

- 100 g gemahlene Mandeln
- 60 g Amarantmehl
- 60 g Tapiokastärke
- 50 g Puderzucker
- ½ TL Salz
- 115 g Butter, zerlassen

1 Den Backofen auf 180 °C vorheizen. Eine Springform von 24 cm Durchmesser einfetten. Alle Zutaten für den Boden in einer Schüssel gründlich vermengen. Die Mischung in die Springform geben, gleichmäßig verteilen und fest andrücken. Beiseitestellen.

2 Beide Frischkäsesorten und den Zucker in der Küchenmaschine verrühren. Joghurt und Vanillemark hinzugeben und leicht vermengen. Die Eier einzeln hinzugeben und sorgfältig einarbeiten. Die Masse in die Springform füllen und in den Ofen schieben.

3 25 Minuten backen. Die Backform dann um 180 Grad drehen und weitere 20–30 Minuten backen, bis sich der Kuchen fest anfühlt. Bräunt die Oberseite zu schnell, locker mit Alufolie abdecken. Aus dem Ofen nehmen und in der Form auf Zimmertemperatur abkühlen lassen. Vorsichtig aus der Form lösen und servieren.

BRATAPFEL MIT KAMUT & ROSINEN

Diese Variante ist genauso gesund und köstlich wie der traditionelle Bratapfel, und sie bietet zusätzlich den Biss und das nussige Aroma des Vollwertgetreides Kamut.

4 PERSONEN • 15 MIN. + ÜBER NACHT EINWEICHEN + ABKÜHLEN + 1 STD. 30 MIN. GAREN

- 60 g ungekochte Kamutkörner
- 6 Kochäpfel, z. B. Boskop
- 80 g Rosinen
- 2 TL gemahlener Zimt
- 4 EL Honig
- 100 g Butter

1 Den Kamut in einer Schüssel mit Wasser bedecken und 8–24 Stunden einweichen. Dann abgießen, unter fließendem Wasser abspülen und abtropfen lassen.

2 Den Kamut in einem Topf mit Wasser bedecken und zum Kochen bringen. Die Temperatur reduzieren und 40–50 Minuten köcheln lassen. Vom Herd nehmen, abgießen und abkühlen lassen.

3 Den Backofen auf 160 °C vorheizen. Die Kerngehäuse aus den Äpfeln herausschneiden, aber am Boden 1 cm stehen lassen. Das Loch in den Äpfeln etwa 2,5 cm weit aushöhlen. Die Äpfel in eine große, tiefe Auflaufform stellen.

4 Rosinen, Zimt, Honig und 60 g Butter in einer Schüssel vermengen. Den abgekühlten Kamut hinzugeben und unterheben. Die Füllung gleichmäßig auf die Äpfel verteilen und die restliche Butter in Flöckchen daraufsetzen.

5 Die Äpfel 45–60 Minuten backen, bis sie weich sind und sich leicht mit dem Messer einstechen lassen. Alle 15 Minuten überprüfen und mit der geschmolzenen Butter übergießen, damit die Füllung nicht knusprig wird. Aus dem Ofen nehmen und noch warm servieren.

ALTERNATIVEN

Statt Kamut können Sie auch die folgenden Getreidearten für diese Bratäpfel verwenden:

Auch lecker ...

Ersetzen Sie die Rosinen durch dieselbe Menge **gehackter Datteln** oder geben Sie zusätzlich **30 g gehackte Walnüsse** in die Füllung.

STEINFRÜCHTE-HIRSE-CRUMBLE

Das Rösten lockt die natürliche Süße der Steinfrüchte hervor, sodass dieser Crumble auf weiteren Zucker verzichten kann. Hirse und Mandeln verleihen der glutenfreien Nachspeise köstlichen Biss.

4–6 PERSONEN · 15 MIN. + ABKÜHLEN + 1 STD. BACKEN

FÜR DIE FÜLLUNG

- 800 g gemischtes Steinobst, wie Pfirsiche, Nektarinen und Pflaumen, entsteint und grob gehackt
- 1 EL Kokosöl, zimmerwarm

FÜR DIE STREUSELDECKE

- 85 g Hirseflocken
- 85 g gemahlene Mandeln
- 50 g Kokosöl, gekühlt und gewürfelt
- 60 g Rohrohrzucker

1 Den Backofen auf 200 °C vorheizen. Das Steinobst in eine Auflaufform geben, mit dem Öl beträufeln und gut mischen. 20–30 Minuten im Ofen backen, bis es weich ist, aber noch seine Form behält. Aus dem Ofen nehmen und mindestens 10 Minuten abkühlen lassen.

2 Für die Streusel Hirseflocken und Mandeln in einer Schüssel vermengen. Das Öl hinzugeben und alles zu Streuseln verarbeiten, die an grobe Weißbrotbrösel erinnern. Den Zucker vorsichtig unterrühren.

3 Das Obst gleichmäßig mit den Streuseln bestreuen. Den Crumble in den Ofen geben und 20–30 Minuten backen, bis die Streuseldecke goldbraun ist. Aus dem Ofen nehmen und warm servieren.

ALTERNATIVEN

Statt der Hirseflocken können Sie auch dieselbe Menge **Quinoaflocken** verwenden.

Auch lecker …

Sehr lecker schmeckt der Crumble auch, wenn man für die Füllung statt der Steinfrüchte **Äpfel** und **Brombeeren** verwendet.

CREMIGE KOKOS-GRAUPEN

MIT ERDBEER-CHIA-SAUCE

Diese moderne und gesunde Variante des Milchreises aus cremiger Kokosmilch und köstlichen Graupen, gepaart mit dem Superfood Chiasamen, ist ein tolles Dessert und schlägt das Original um Längen.

4 PERSONEN • 10 MIN. + ÜBER NACHT EINWEICHEN + KÜHLEN + 30 MIN. GAREN

- 250 g ungekochte Perlgraupen
- 500 ml Kokosmilch, plus Kokosmilch nach Bedarf
- 90 g Honig

FÜR DIE SAUCE

- 400 g Erdbeeren, geputzt
- 2 EL Honig
- 45 g Chiasamen

1 Die Perlgraupen in einer Schüssel mit Wasser bedecken und über Nacht oder bis zu 8 Stunden einweichen. Abgießen, unter fließendem Wasser abspülen und abtropfen lassen.

2 Die Erdbeeren für die Sauce in einer großen Schüssel mit dem Gabelrücken grob zerdrücken, sodass sie Saft abgeben, aber noch etwas Textur behalten. Honig und Chiasamen hinzugeben und gründlich vermengen. Im Kühlschrank andicken lassen.

3 Graupen, Kokosmilch und Honig in einem großen Topf zum Kochen bringen. Die Temperatur reduzieren und 25–30 Minuten köcheln lassen, bis die Graupen gar sind, aber noch Biss haben und an Milchreis erinnern. Zwischendurch mehrfach prüfen und Kokosmilch nachgießen, falls der Brei zu dickflüssig wird. Vom Herd nehmen und den Gerstenbrei auf vier Teller verteilen. Je 2–3 Löffel von der Erdbeersauce darübergeben und warm oder auf Zimmertemperatur abgekühlt servieren.

SCHOKOLADE-AMARANT-PUDDING

Dieser Schokopudding mit Minzaroma und Sahne ist ein schönes Dessert für die ganze Familie.

4 PERSONEN • 10 MIN. + 30 MIN. GAREN

- 75 g ungekochter Amarant
- 60 g Zucker
- 30 g Kakaopulver
- 2 EL Speisestärke
- 350 ml Milch
- ½ TL Minzsirup
- 120 g Sahne
- 2 EL Puderzucker
- 1 Msp. Vanillemark

1 225 ml Wasser in einem Topf mit Deckel zum Kochen bringen. Den Amarant hineingeben, abdecken, die Temperatur reduzieren und bei mittlerer bis schwacher Hitze 20 Minuten kochen, bis das Wasser vollständig aufgenommen ist. Vom Herd nehmen und beiseitestellen.

2 In der Zwischenzeit in einem zweiten Topf Zucker, Kakao, Stärke und Milch verrühren und unter ständigem Rühren bei mittlerer Hitze zum Kochen bringen. Die Temperatur reduzieren und 2 Minuten köcheln lassen, bis der Pudding andickt. Vom Herd nehmen und den Minzsirup einrühren.

3 Den Pudding in zwei gleich große Portionen teilen. Zu einer Portion den Amarant hinzugeben und unterrühren. Etwas abkühlen lassen und auf vier hohe Dessertgläser verteilen. Den übrigen Pudding darauf verteilen.

4 Sahne, Puderzucker und Vanillemark in einer Schüssel mit dem Handrührgerät leicht steif schlagen. Die geschlagene Sahne auf die Gläser mit dem Pudding verteilen und sofort servieren.

FRUCHTIGER HIRSEKUCHEN

Achtung: Dieser Kuchen verschwindet in Sekunden, wenn Freunde und Familie zu Besuch sind.

8–9 PERSONEN • 10 MIN. + ABKÜHLEN + 50 MIN. GAREN

- 125 g Couscous
- 100 g ungekochte Hirse
- 100 g Rosinen
- 350 g Erdbeerjoghurt
- 1 Ei (Größe L), verquirlt
- 2 TL gemahlener Zimt
- 1 TL geriebener Ingwer

1 Den Couscous in einer Schüssel mit 150 ml kochendem Wasser übergießen. Mit einem Teller zudecken und quellen lassen.

2 Die Hirse in einem Topf mit 250 ml Wasser zum Kochen bringen. Die Temperatur reduzieren und 15–20 Minuten köcheln lassen, bis die Hirse das Wasser vollständig aufgenommen hat und weich und locker ist. Vom Herd nehmen und abkühlen lassen.

3 Den Backofen auf 200 °C vorheizen. Eine 23 cm große, quadratische Backform mit Backpapier auslegen. Den Couscous zur Hirse geben und mit einer Gabel vermengen und auflockern, sodass keine Klumpen bleiben.

4 Rosinen, Joghurt, Ei und Gewürze hinzugeben und gründlich vermengen, dann in die vorbereitete Backform füllen. Die Masse glatt streichen und 30 Minuten im Backofen garen, bis sie goldgelb ist, sich fest anfühlt und an einem in die Mitte gesteckten Holzstäbchen nichts mehr haften bleibt. Aus dem Ofen nehmen und warm servieren.

SÜSSER GRÜNKERN
MIT FRISCHEN FEIGEN

Von der Küche des Nahen Ostens inspiriert, wird der Grünkern hier mit süßen Gewürzen gekocht und mit Honig, Pistazien und Feigen serviert. So entsteht ein wunderbar köstliches und aromatisches Dessert.

4 PERSONEN · 5 MIN. + 25 MIN. GAREN

- 100 g Grünkernschrot
- 1 Sternanis
- 4 Kardamomkapseln
- 1 TL gemahlener Zimt
- ½ TL geriebener Ingwer
- ¼ TL gemahlene Muskatnuss
- ¼ TL Salz
- Butter zum Einfetten
- 8 frische Feigen, Stielenden entfernt
- 4 EL Honig, plus Honig zum Servieren
- 40 g Pistazien, grob gehackt
- 2 EL gehackte Minzeblätter
- 4 EL griechischer Joghurt zum Servieren

1 Grünkern, Sternanis, Kardamom, Zimt, Ingwer, Muskat und Salz in einem großen Topf mit 500 ml Wasser bedecken und bei mittlerer Hitze zum Kochen bringen. Die Temperatur reduzieren und etwa 15 Minuten köcheln lassen, bis der Grünkern die Flüssigkeit vollständig aufgenommen hat.

2 In der Zwischenzeit den Backofengrill vorheizen. Ein Backblech einfetten und mit Backpapier auslegen. Die Feigen kreuzweise einschneiden und fast bis zum Boden durchschneiden, sodass sie sich wie Blüten öffnen. Auf das Backblech setzen und mit 2 EL Honig beträufeln. 10 Minuten auf mittlerer Schiene grillen, bis sie leicht geröstet sind.

3 Sternanis und Kardamomkapseln aus dem Grünkern entfernen und den restlichen Honig unterheben. Den Grünkern auf vier Teller verteilen, jeweils 2 geröstete Feigen daraufsetzen und die Pistazien darüberstreuen. Mit Minze garnieren und mit Honig beträufeln. Mit Joghurt servieren.

ALTERNATIVEN

Statt des Grünkerns können Sie dieses Dessert auch mit derselben Menge der folgenden Getreide zubereiten:

Teff

Polenta

SCHOKOLADENKUCHEN MIT HASELNÜSSEN & BUCHWEIZEN

Buchweizenmehl passt hervorragend zu den Aromen dieses Kuchens: cremige Schokolade, feine Haselnuss und ein Hauch von Vanille. Servieren Sie ihn solo oder gepaart mit einer Kugel Vanilleeis zum Dessert.

1 KUCHEN · 30 MIN. + 30 MIN. BACKEN

- 100 g Butter, zerlassen, plus Butter zum Einfetten
- 60 g Haselnüsse
- 100 g dunkle Schokolade (mindestens 70 % Kakaoanteil), in Stücke gebrochen
- 4 Eier (Größe L), leicht verquirlt
- 100 g Palmzucker oder heller Rohrohrzucker
- ¼ TL Meersalz
- Mark von ½ Vanilleschote
- 35 g Buchweizenmehl

1 Den Backofen auf 180 °C vorheizen. Eine Kuchenform von 24 cm Durchmesser einfetten und mit Backpapier auslegen. Die Haselnüsse auf einem Backblech verteilen und 5 Minuten im Ofen rösten, bis sie leicht gebräunt sind und die Haut sich löst. Aus dem Ofen holen und etwas abkühlen lassen.

2 Sobald die Nüsse kühl genug sind, um sie anzufassen, die Haselnusshaut zwischen den Händen oder in einem Küchentuch leicht abreiben. In den Mixer geben und zu grobem Mehl zerkleinern. Beiseitestellen.

3 Die Schokolade in eine Schüssel geben und im Wasserbad schmelzen. Eier, Zucker und Salz in einer Schüssel verschlagen, bis die Masse ihr Volumen verdoppelt. Dann vorsichtig Vanillemark, Butter und zerlassene Schokolade unterziehen. Haselnüsse und Buchweizenmehl unterheben.

4 Die Masse in die Backform füllen und glatt streichen. Etwa 30 Minuten backen, bis an einem hineingesteckten Holzstäbchen kein Teig mehr haften bleibt. Aus dem Ofen holen und in der Form abkühlen lassen. Auf eine Servierplatte setzen und zimmerwarm servieren.

LAVENDEL-ZITRONEN-SCHNITTEN MIT DINKELBODEN

Diese Variation klassischer Zitronenschnitten hat einen knusprigen Boden aus Dinkelmehl und Tapioka, gewürzt mit Lavendel, der dem himmlischen Dessert eine blumige Note gibt.

18 STCK. • 15 MIN. + KÜHLEN + 40 MIN. BACKEN

FÜR DEN BODEN

- 115 g kalte Butterwürfel, plus Butter zum Einfetten
- 150 g Dinkelmehl
- 40 g Tapiokastärke
- 50 g Puderzucker
- ½ TL Salz
- 1 EL fein gehackte Lavendelblüten
- 1 TL abgeriebene Schale von einer Bio-Zitrone

FÜR DEN BELAG

- 225 g Zucker
- 4 Eier
- 120 ml Zitronensaft
- 50 g Dinkelmehl
- ¼ TL Salz
- Mark von ½ Vanilleschote
- 2 EL Puderzucker zum Bestäuben

1 Den Backofen auf 180 °C vorheizen. Eine 20 × 28 cm große Backform einfetten. Mehl, Stärke, Puderzucker, Salz, Lavendel und Zitronenschale für den Boden in einer großen Schüssel vermengen. Die Butter hinzufügen und mit den Fingern fein krümelig verreiben.

2 Die Mischung in die Backform füllen und gleichmäßig verteilen. Im Backofen 20 Minuten zart goldbraun backen. Aus dem Ofen nehmen und beiseitestellen. Die Backofentemperatur auf 160 °C reduzieren.

3 In der Zwischenzeit den Belag zubereiten. Zucker und Eier in einer Schüssel mit dem Handrührgerät schaumig aufschlagen. Dann Zitronensaft, Mehl, Salz sowie Vanillemark hinzugeben und sorgfältig unterheben.

4 Den Belag auf den vorgebackenen Boden geben und weitere 20 Minuten backen, bis er fest ist. Aus dem Ofen nehmen und auf Zimmertemperatur abkühlen lassen. Dann in einen luftdichten Behälter geben und mindestens 1 Stunde im Kühlschrank ruhen lassen. Gekühlt und mit Puderzucker bestäubt servieren.

MANDEL-POLENTA-KUCHEN
MIT HIMBEEREN

Sie haben Lust auf Kuchen, möchten aber auf Mehl verzichten? Dann ist dieser glutenfreie Kuchen perfekt. Polenta und Mandeln sorgen für eine krümelige Konsistenz, die wunderbar zur frischen Säure der Himbeeren passt.

8–10 PERSONEN • 15 MIN. + ABKÜHLEN + 45 MIN. BACKEN

- 200 g Butter, plus Butter zum Einfetten
- 230 g brauner Zucker
- 3 Eier (Größe L)
- 1 TL Mandelaroma
- 200 g gemahlene Mandeln
- 100 g Polenta
- 1½ TL Backpulver
- 200 g Himbeeren
- 20 g Mandelblättchen

1 Den Backofen auf 180 °C vorheizen. Eine Springform von 24 cm Durchmesser einfetten und mit Backpapier auslegen. Butter und Zucker mit dem Handrührgerät 2 Minuten locker und luftig aufschlagen. Nach und nach die Eier hinzugeben und jeweils sorgfältig unterrühren. Das Mandelaroma hinzugeben und weitere 2 Minuten schlagen, bis es vollständig verrührt ist.

2 Gemahlene Mandeln, Polenta und Backpulver in einer zweiten Schüssel sorgfältig vermengen. Die trockenen Zutaten locker unter die Eier-Butter-Mischung heben und glatt rühren. Vorsichtig die Himbeeren hinzugeben. Den Teig in die Form füllen, glatt streichen und mit den Mandelblättchen bestreuen.

3 45 Minuten backen, bis der Kuchen goldbraun ist und an einem hineingesteckten Holzstäbchen kein Teig mehr haften bleibt. Kurz in der Form abkühlen lassen, dann zum vollständigen Auskühlen auf ein Kuchengitter setzen. Der Kuchen hält sich luftdicht verpackt im Kühlschrank bis zu drei Tage.

SÜSSER ZITRONEN-HEIDELBEER-BULGUR

Die säuerliche Kombination von Zitrone und Heidelbeeren ergibt mit dem Bulgur einen herrlich leichten und cremigen Auflauf – ein wunderbar sommerliches Dessert.

6–8 PERSONEN • 10 MIN. + 1 STD. 15 MIN. GAREN

- 200 g Bulgur
- Butter zum Einfetten
- 2 Eier (Größe L)
- 120 ml Milch
- abgeriebene Schale von 3 Bio-Zitronen
- 85 g Rohrohrzucker
- 200 g Heidelbeeren

1 Den Bulgur in einem großen Topf mit 500 ml Wasser bedecken und zum Kochen bringen. Die Temperatur reduzieren, abdecken und 15 Minuten köcheln lassen, bis der Bulgur das Wasser vollständig aufgenommen hat und weich ist. Vom Herd nehmen und zum Abkühlen auf die Seite stellen.

2 Den Backofen auf 180 °C vorheizen. Eine Auflaufform mit 1,5 l Inhalt einfetten und beiseitestellen. Eier und Milch in einer Schüssel verquirlen, dann die Zitronenschale hineingeben und erneut gründlich verquirlen.

3 Den Bulgur in einer zweiten Schüssel mit Zucker und Heidelbeeren vermengen. Das verquirlte Ei hinzugeben und sorgfältig unterheben. Die Masse in die Auflaufform füllen und 1 Stunde backen, bis die Oberseite goldgelb und das Innere gerade fest ist. Warm servieren. Dazu passt Sahne oder Joghurt.

ALTERNATIVEN

Ersetzen Sie den Bulgur durch dieselbe Menge **Grünkern.**

Auch lecker …

Ersetzen Sie die Heidelbeeren durch dieselbe Menge **Himbeeren.**

DINKEL-OLIVENÖL-KUCHEN

Dieser Kuchen hat durch seine Kombination aus Olivenöl und Blutorangensaft einen einzigartigen Geschmack. Auch andere Zitrusfrüchte, wie etwa die exotische Meyer-Zitrone, bieten sich für diesen Kuchen an.

12 PERSONEN • 10 MIN. + ABKÜHLEN + RUHEN + 40 MIN. BACKEN

- 120 ml natives Olivenöl extra, plus Olivenöl zum Einfetten
- 225 g Dinkelmehl
- 100 g gemahlene Mandeln
- abgeriebene Schale von 1 Bio-Blutorange
- 2 TL Backpulver
- 1 TL Salz
- 125 ml Blutorangensaft
- 2 Eier
- 150 g brauner Zucker

ZUM GLASIEREN

- 1 TL Blutorangensaft
- 35 g Puderzucker

1 Den Backofen auf 180 °C vorheizen. Eine Backform von 24 cm Durchmesser einfetten und mit Backpapier auslegen. Dinkelmehl, gemahlene Mandeln, Orangenschale, Backpulver und Salz in einer Schüssel vermengen.

2 Öl, Orangensaft, Eier und Zucker in einer zweiten Schüssel verquirlen. Eine Mulde in die Mitte der trockenen Zutaten drücken und die Ölmischung hineingießen. Vorsichtig miteinander vermengen, aber die Masse nicht zu lange verrühren.

3 Die Masse in die Backform füllen und 35–40 Minuten backen, bis die Oberseite goldbraun ist und an einem hineingesteckten Holzstäbchen kein Teig mehr haften bleibt. Aus dem Ofen holen und 10 Minuten ruhen lassen. Dann vorsichtig aus der Form stürzen und auf einem Kuchengitter leicht abkühlen lassen.

4 In der Zwischenzeit die Glasur anrühren. Orangensaft, Puderzucker und 2 TL Wasser in einer Schüssel miteinander verquirlen. Die Glasur über den Kuchen gießen und fest werden lassen. Warm servieren.

SCHOKO-ERDNUSS-BUCHWEIZEN-KEKSE

Das glutenfreie Buchweizenmehl macht diese Kekse so richtig nussig. Erwachsene lieben sie ebenso wie Kinder. Genießen Sie die Kekse zu einem Glas Milch oder auch zum Nachmittagskaffee.

12 STCK. • 30 MIN. + KÜHLEN + ABKÜHLEN + 15 MIN. BACKEN

- 110 g Butter
- 175 g brauner Zucker
- 1 Ei (Größe L)
- 200 g Buchweizenmehl
- ¼ TL Salz
- ½ TL Backpulver
- 85 g dunkle Schokoladentropfen
- 85 g gesalzene Erdnüsse

1 Zwei Backbleche mit Backpapier auslegen und beiseitestellen. Butter und Zucker in einer großen Schüssel mit dem Handrührgerät schaumig schlagen, dann das Ei hinzugeben und gründlich verrühren.

2 Mehl, Salz und Backpulver in einer zweiten Schüssel vermengen. Die trockenen Zutaten nach und nach unter die Eimasse ziehen, bis alles gut vermischt ist. Schokoladentropfen und Erdnüsse hinzugeben und unterheben. Die Masse mit Frischhaltefolie abgedeckt 30 Minuten im Kühlschrank kalt stellen. Den Backofen auf 180 °C vorheizen.

3 Mit einem Löffel etwa golfballgroße Teigstücke abstechen, auf die Backbleche setzen und sanft flach drücken. Mindestens 5 cm Abstand zwischen den Keksen lassen, da sie beim Backen aufgehen. 15 Minuten backen, bis die Kekse goldgelb, aber noch nicht völlig durchgebacken sind. Aus dem Ofen holen und auf den Blechen 10 Minuten abkühlen und härten lassen. Dann auf einem Kuchengitter auskühlen lassen. Luftdicht verpackt aufbewahren.

GEGRILLTE PFIRSICHE MIT EIS & VOLLKORN-KNUSPERMÜSLI

Gegrillte Pfirsiche sind eine der köstlichsten Sommerleckereien. Wie das gesunde Amarant-Hirse-Müsli lassen sie sich einfach vorbereiten und warten am nächsten Morgen als Frühstück im Kühlschrank.

4 PERSONEN • 10 MIN. + 20 MIN. GAREN

- 4 Pfirsiche, entsteint und halbiert
- 2 EL Traubenkernöl
- 4 Kugeln Vanilleeis

FÜR DAS MÜSLI

- 100 g Haferflocken
- 50 g ungekochter Amarant
- 50 g ungekochte Hirse
- 75 g Mandeln, gehackt
- 40 g Kürbiskerne
- 1 EL Kokosöl
- 2 EL dunkler Ahornsirup
- 1 Msp. Vanillemark
- ¼ TL gemahlener Zimt
- ¼ TL Meersalz

1 Den Backofen auf 180 °C vorheizen. Alle Zutaten für das Müsli in eine große Schüssel geben und gut vermengen. Die Mischung gleichmäßig auf einem Backblech verteilen und 10–15 Minuten backen, bis Getreide und Nüsse leicht gebräunt sind. Aus dem Ofen holen und abkühlen lassen.

2 Währenddessen den Backofengrill vorheizen. Die Haut der Pfirsiche mit dem Öl einpinseln und die Hälften auf der mittleren Schiene 2–3 Minuten grillen, bis sie weich sind. Auf Dessertschalen verteilen, je eine Kugel Vanilleeis dazugeben und mit dem Knuspermüsli bestreuen. Sofort servieren.

ERDBEER-PFIRSICH-TARTE MIT WEIZEN

Dieser herrlich mürbe Kuchen ist mit seinen erfrischenden Pfirsichen und Erdbeeren perfekt für heiße Sommertage. Der Weizen gibt dem Teig einen frischen Geschmack und eine traumhaft knusprige Konsistenz.

6 PERSONEN · 25 MIN. + KÜHLEN UND EINWEICHEN + 40–50 MIN. BACKEN

- 200 g Weichweizenkörner
- 1 EL Zucker
- ¼ TL Salz
- 115 g kalte Butter, gewürfelt

FÜR DIE FÜLLUNG

- 2 reife Pfirsiche, entsteint und in Spalten geschnitten
- 300 g Erdbeeren, geputzt und halbiert
- 2 EL Honig
- ½ TL Orangen- oder Zitronensaft
- Mark von ½ Vanilleschote

1. Die Weizenkörner in einer Getreide- oder Kaffeemühle zu feinem Mehl mahlen. Das Mehl in eine Schüssel sieben, um eventuell verbliebene grobe Bestandteile zu entfernen. 180 g Mehl in eine große Schüssel geben, den Rest beiseitestellen. Das Mehl mit Zucker und Salz vermengen, dann die Butter hinzugeben und alles mit den Fingern fein krümelig verreiben.

2. Nach und nach 3–4 EL kaltes Wasser einarbeiten, bis ein Teig entsteht. Den Teig zu einer Kugel formen und dann sanft zu einem Fladen flach drücken. In Frischhaltefolie einschlagen und 30 Minuten im Kühlschrank kalt stellen.

3. In der Zwischenzeit alle Zutaten für die Füllung in einer Schüssel vermischen. 20 Minuten ruhen lassen, bis die Früchte Saft ziehen. Den Backofen auf 180 °C vorheizen und ein Backblech mit Backpapier auslegen.

4. Den Teig aus dem Kühlschrank nehmen und auf einer leicht bemehlten Arbeitsfläche zu einem 25 cm großen Kreis ausrollen. Wenn er zu fest ist, vor dem Ausrollen etwas wärmer werden lassen. Die Teigplatte auf das Backblech legen. Den Saft der Obstmischung abgießen und das Obst auf die Mitte des Teigs geben. Den Teigrand dekorativ hochfalten.

5. Im Ofen 40–50 Minuten backen, bis der Rand knusprig und goldbraun ist und die Fruchtfüllung köchelt. Aus dem Ofen nehmen und etwas abkühlen lassen. Warm servieren.

VOLLKORN-SCHOKOLADEN-KUCHEN

Dies ist quasi die große Ausgabe ihrer Lieblings-Schokoladen-Cookies ... in einer Variante mit gesundem Vollkorngetreide. Am besten schmeckt dieser Kuchen warm mit einer Kugel Vanilleeis.

6 PERSONEN · 20 MIN. + ABKÜHLEN + 1 STD. 30 MIN. BACKEN

- 50 g ungekochter Amarant
- 2 Eier (Größe L)
- 75 g Vollkornweizenmehl
- ½ TL Salz
- 100 g Kristallzucker
- 100 g brauner Zucker
- 175 g weiche Butter
- Mark von ½ Vanilleschote
- 300 g Schokotropfen
- Puderzucker zum Bestäuben

FÜR DEN KEKSBODEN

- 175 g Vollkornkekse
- 60 g Demerarazucker
- 85 g Butter, zerlassen

1 Den Backofen auf 180 °C vorheizen. Für den Keksboden die Kekse von Hand oder in der Küchenmaschine zur Größe von feinen Weißbrotbröseln zerkrümeln. In einer Schüssel mit Butter und Zucker verkneten, bis feine feuchte Krümel entstehen.

2 Die Mischung in eine 24-cm-Tarteform mit losem Boden geben. Mit der Hand fest an Boden und Rand drücken, um die Form gleichmäßig auszukleiden. Die Form auf ein Backblech stellen und den Teig im Ofen 10 Minuten vorbacken. Herausnehmen und abkühlen lassen, dann 30 Minuten im Kühlschrank kalt stellen.

3 In der Zwischenzeit den Amarant in einem kleinen Topf mit 200 ml Wasser bedecken und zum Kochen bringen. 40 Minuten köcheln lassen, bis das Wasser vollständig aufgenommen ist. Abtropfen lassen, unter fließendem Wasser abspülen und beiseitestellen.

4 Die Eier in einer Schüssel mit dem Handrührgerät 3 Minuten schaumig schlagen. Mehl, Salz und beide Zuckersorten gründlich unterrühren. Dann Butter und Vanillemark hinzugeben und gut vermengen.

5 Amarant und Schokotropfen in die Schüssel geben und gut vermengen. Die Masse auf den Keksboden geben und gleichmäßig verteilen. 40 Minuten backen, bis an einem hineingesteckten Holzstäbchen kein Teig mehr haften bleibt. Auf einem Kuchengitter auskühlen lassen. Mit Puderzucker bestäubt warm servieren.

REGISTER

Zutaten sind **fett** gekennzeichnet.

A

B

C

L

M

N

P

Q

R

S

T

V

W

Z

DANK

DIE AUTORINNEN

LAURA AGAR WILSON ist Gesundheitsberaterin, Journalistin, Rezeptentwicklerin sowie Autorin des beliebten Gesundheits- und Lifestyle-Blogs *wholeheartedlyhealthy.com*, wo sie Tipps und Tricks zu einem gesunden Lebensstil verrät, Rezepte herausgibt und ihren eigenen Weg zu einem gesunden Leben beschreibt. Ihre Arbeit wurde bei *BBC Good Food*, *Grazia Daily* und auf der Website des TV-Senders Channel 4 veröffentlicht. Zudem schreibt sie regelmäßig für die *Huffington Post* und war Healthy Hero des *Healthy Magazine*.

JODI MORENO ist Köchin und Food-Fotografin und betreibt mit *What's Cooking Good Looking* ihren eigenen Food-Blog. Ihre Arbeiten erschienen auf unzähligen Webseiten, wie etwa bei *Huffington Post*, *Edible*, *Food52*, *Gourmet*, *Self*, *Buzzfeed*, *The Kitchn* und *VegNews*. *Better Homes and Gardens* und das Magazin *Shape* bezeichneten sie als eine der besten Healthy-Food-Bloggerinnen und das Magazin *Saveur* wählte ihren Blog als einer der besten Blogs des Jahres 2014.

SARAH W. CARON ist leitende Feuilletonredakteurin bei der *Bangor Daily News*, arbeitet aber auch als freie Autorin, Redakteurin und Rezeptentwicklerin. Neben ihrer eigenen Zeitungskolumne *Maine Course* ist sie als Autorin für Publikationen wie *Bella*, *Connecticut Magazine*, *Betty Crocker* und *iVillage* tätig. Zudem schreibt sie für den Food-Blog *sarahscucinabella.com*, der von *FriendsEat* 2009 zu einem der Top 25 Foodie Blogs gewählt wurde und vom Magazin *Saveur* unter den »Sites We Love« gelistet wird.

DANK

Laura Agar Wilson dankt dem Team des DK-Verlags für die Aufnahme in dieses Projekt und die Unterstützung, ihrem Ehemann James, dass er die ewige Hektik und das Chaos in der Küche erträgt, und ihrer besten Freundin Claire für ihre Unterstützung und das Feedback zu den Rezepten.

Jodi Moreno dankt ihrem Ehemann Michael Moreno für seine grenzenlose Unterstützung und dafür, dass er ihr Geschirr spült.

Der DK-Verlag dankt den folgenden Personen:
Fotografie: Charlotte Tolhurst für die neuen Rezeptfotos und Jodi Moreno für die Rezeptfotos auf den Seiten 32–33, 36–37, 62–63, 76–77, 118–119, 122–123, 126–127, 170–171, 180–181, 185, 192, 200–201, 208–209, 212–213, 230 und 239.
Art Direktoren Fotografie: Sara Robin, Geoff Fennell.
Food Styling: Kate Wesson.
Prop Styling: Rob Merrett.
Zusätzliche Bildbearbeitung: Adam Brackenberry, Tom Morse.
Technische Unterstützung: Sonia Charbonnier.
Rezepttester: Laura Camerer Cuss, Katy Greenwood und Jill Weatherburn.
Weitere redaktionelle Arbeit: Jill Weatherburn.
Korrektorat: Katie Golsby, Dorothy Kikon, Janashree Singha und Manasvi Vohra.
Registererstellung: Vanessa Bird.